BEI GRIN MACHT SICH IHR WISSEN BEZAHLT

Anonym

Finanzierung & Investition

Zusammenfassung

GRIN Verlag

Bibliografische Information der Deutschen Nationalbibliothek:

Die Deutsche Bibliothek verzeichnet diese Publikation in der Deutschen National-
bibliografie; detaillierte bibliografische Daten sind im Internet über http://dnb.d-
nb.de/ abrufbar.

Impressum:

Copyright © 2014 GRIN Verlag GmbH
Druck und Bindung: Books on Demand GmbH, Norderstedt Germany
ISBN: 978-3-656-71284-8

Dieses Buch bei GRIN:

http://www.grin.com/de/e-book/277764/finanzierung-investition

GRIN - Your knowledge has value

Der GRIN Verlag publiziert seit 1998 wissenschaftliche Arbeiten von Studenten, Hochschullehrern und anderen Akademikern als eBook und gedrucktes Buch. Die Verlagswebsite www.grin.com ist die ideale Plattform zur Veröffentlichung von Hausarbeiten, Abschlussarbeiten, wissenschaftlichen Aufsätzen, Dissertationen und Fachbüchern.

Finanzierung & Investition

1. Aufgaben des betrieblichen Finanzmanagements

Aufgabe des Finanzmanagements:
Planung, Gestaltung und Steuerung der Zahlungsströme in das Unternehmen hinein, aus dem Unternehmen hinaus und innerhalb des Unternehmens.

Es gibt zwei grundsätzliche Arten solcher Zahlungsströme:
* Investition: Zahlungsstrom, der mit einer Auszahlung beginnt und Einzahlungen nach sich zieht (Kapitalverwendung)
* Finanzierung: Zahlungsstrom, der mit einer Einzahlung beginnt und Auszahlungen nach sich zieht (Kapitalbeschaffung)

Hauptaufgabe des betrieblichen Finanzmanagements:
Sicherung der Existenz des Unternehmens durch Erhalt des finanziellen Gleichgewichts (strukturell und dispositiv).

Teilaufgaben des betrieblichen Finanzmanagements:
* Finanzprognose
* Finanzplanung
* Finanzdisposition
* Finanzkontrolle
* Finanzanalyse
* Finanzmarketing
* Finanzorganisation

2. Beurteilung der Vorteilhaftigkeit von Investitionen

2.1 Begriff der Investition

Allgemein kann man unter Investitionen die Verwendung finanzieller Mittel zur Beschaffung von Sachvermögen, immateriellen Vermögen oder Finanzvermögen verstehen.

Investitionsentscheidungen werden auf der Grundlage von Investitionsrechnungen getroffen. Dabei ist bedeutend, wie die zur Verfügung stehenden Daten ausgewählt und beurteilt werden. Wichtig ist die Berücksichtigung von Unsicherheiten, mit denen Annahmen über zukünftige Daten behaftet sind. Dies gilt besonders für längerfristige Investitionen.

Die verschiedenen Verfahren der Investitionsrechung erlauben entweder mehrere Investitionsalternativen zu vergleichen oder einzelne Investitionsobjekte zu beurteilen. Eine Investition kann allgemein dann vorteilhaft durchgeführt werden, wenn die Summe der Einzahlungen die Summe der laufenden Auszahlungen soweit übersteigt, dass die Amortisation des Objektes und die ausreichende Verzinsung des ursprünglich eingesetzten Kapitals möglich ist.

2.2 Investitionsarten

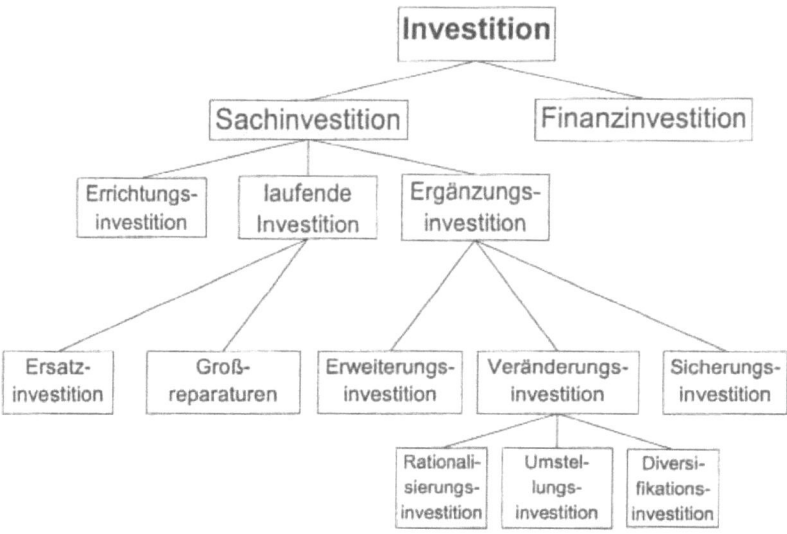

- **Ersatzinvestition:** Darunter versteht man den identischen Ersatz von gebrauchten und verbrauchten Investitionsobjekten. Die Leistungsfähigkeit bleibt dabei erhalten.
- **Rationalisierungsinvestition:** Wird durchgeführt, um die Leistungsfähigkeit des Unternehmens zu erhöhen.
- **Erweiterungsinvestition:** Erweiterung der vorhandenen Kapazitäten eines Unternehmens, um beispielsweise Produktionsengpässe zu beheben.
- **Sicherungsinvestition:** Darunter sind alle Investitionen zusammengefasst, die die Sicherung bzw. das Fortbestehen eines Unternehmens gewährleisten.
- **Diversifizierungsinvestition:** Damit ist besonders die Erschließung branchenfremder Märkte durch die Beteiligung an Unternehmen gemeint.

2.3 Der Investitionsentscheidungsprozess

Investitionsentscheidungen müssen ein einem Entscheidungsprozess stattfinden, der ein planmäßiges Vorgehen ermöglicht. Diese Notwendigkeit resultiert vor allem aus folgenden Gründen:

1) Investitionen haben strategischen Charakter, d.h. sie beeinflussen Existenz und Entwicklung des Unternehmens langfristig. Sind Investitionen durchgeführt, so können sie meistens nur unter hohen finanziellen Aufwand korrigiert werden.

2) Eine Investitionsmöglichkeit muss immer im Zusammenhang mit anderen gesehen und beurteilt werden, denn die Entscheidung für eine bestimmte Investition ist gleichzeitig der Verzicht auf andere Alternativen und den damit zu erzielenden Erfolgen.

3) Investitionen erhöhen die Fixkosten. Bei verringerter Nachfrage kann es dadurch zu Verlusten kommen.

4) Eine getätigte Investition führt durch ihren langfristigen Charakter zur Verminderung der Flexibilität eines Unternehmens.

5) Eine Investition muss auch vom Gesichtspunkt der Verantwortlichkeit gegenüber den Kapitalgebern und deren Interesse planmäßig beurteilt werden.

Der Entscheidungsprozess lässt sich in vier Phasen darstellen:

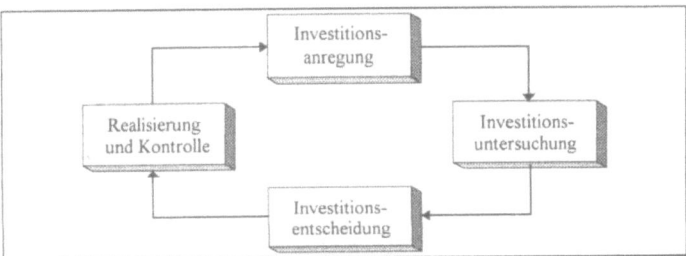

2.4 Die Investitionsrechnungen

2.4.1 Die statischen Verfahren der Investitionsrechnung

In der Praxis werden die statischen Verfahren vor allem wegen ihrer einfachen Handhabung und des damit verbundenen geringen Kosten- und Zeitaufwandes sehr häufig eingesetzt. Sie werden als statisch bezeichnet, weil sie den unterschiedlichen zeitlichen Anfall von Einzahlungen und Auszahlungen nicht oder nur teilweise berücksichtigen und außerdem nur eine Planungsperiode betrachten. Zu den statischen Verfahren zählen:

- Kostenvergleichsrechnung
- Gewinnvergleichsrechnung
- Rentabilitätsrechnung
- Amortisationsrechnung

2.4.1.1 Kostenvergleichsrechnung

Es wird ein Vergleich der in einer Planungs- bzw. Nutzungsperiode anfallenden kosten zweier oder mehrerer alternativer Investitionsobjekte durchgeführt.

Sind die Kapazitäten der zu vergleichenden Investitionsobjekte nicht gleich, so muss anstelle des Kostenvergleichs einer Periode ein Stückkostenvergleich durchgeführt werden. Der Kostenvergleich arbeitet also mit der Prämisse gleicher Kapazitäten der Investitionsobjekte. In den Kostenvergleich sind alle relevanten Kosten einzubeziehen. Sofern es sich um Investitionen mit mehrperiodischer Nutzungsdauer handelt, werden die Durchschnittskosten pro Periode zu Grunde gelegt. Erlöse bleiben in diesem Verfahren unberücksichtigt, da unterstellt wird, dass jede Alternative wegen gleicher Kapazitäten auch gleiche Erlöse erwirtschaftet. Die relevanten Kosten sind:

- Betriebskosten
    - Personalkosten
    - Materialkosten
    - Instandhaltungs- und Reparaturkosten
    - Raumkosten
    - Energiekosten etc.

- Kapitalkosten
    - Kalkulatorische Abschreibungen

        Abschreibung pro Periode $= \dfrac{I_0 - L_T}{T}$

        I_0: Anschaffungskosten

        L_T: Liquidationserlös in T
    - Kalkulatorische Zinsen
      Die kalkulatorischen Zinsen beziehen sich auf das durchschnittlich gebundene Kapital.

        Zinsen pro Periode $= i \cdot \dfrac{I_0 + L_T}{2}$

- Durchschnittkosten pro Periode

$$K = K^B + \frac{I_0 - L_T}{T} + i \cdot \frac{I_0 + L_T}{2}$$

Soll aus einer Vielzahl funktionsgleicher Objekte die kostengünstigste Alternative bestimmt werden, führen die Kosten pro Zeiteinheit und die Kosten pro Leistungseinheit der verschiedenen Alternativen zu denselben Vorteilhaftigkeitsaussagen. Bestehen jedoch Unterschiede im Leistungsumfang, führt nur ein Vergleich der Kosten je Leistungseinheit zu einem brauchbaren Ergebnis.

Ein Ersatz einer alten Anlage durch eine neue ist als vorteilhaft anzusehen, wenn die durchschnittlichen Periodenkosten der alten Anlage größer sind als die der neuen Anlage.

$$K^{neu} = K^B + AfA_{kalk} + Zinskosten_{kalk}$$
$$K^{alt} = K^B + (L_0 - L_m) + L_0 \cdot i$$

L_0: Liquidationserlös der alten Anlage zu Beginn der Vergleichsperiode
L_m: Liquidationserlös der alten Anlage am Ende der Vergleichsperiode

Beurteilung des Verfahrens:
- Die Aufstellung von Kostenfunktionen der zu vergleichenden Anlage ist in der Praxis oft mit Schwierigkeiten verbunden.
- Das Verfahren kann nur für kurzfristige Investitionsvorhaben herangezogen werden, da es statisch ist und daher zukünftige Entwicklungen nicht berücksichtigen kann.
- Erlöse werden nicht berücksichtigt, so dass über die Rentabilität des Kapitals keine Aussage gemacht werden kann.
- Unterschiedliche qualitative Leistungen von Investitionsobjekten können nicht in das Verfahren einfließen.
- Eventuelle Auswirkungen auf die Absatzpreise von Produkten durch höhere Produktions- bzw. Absatzmengen müssen gleichfalls unberücksichtigt bleiben.

2.4.1.2 Die Gewinnvergleichsrechnung

Der Kostenvergleich ist bei vielen Investitionsvorhaben nicht ausreichend, da die Erträge auch aufgrund verschiedener qualitativer Leistungen unterschiedlich sein können. Zur Beurteilung der Investitionsalternativen müssen daher neben den Kosten auch die Erträge berücksichtigt werden. Insofern stellt die Gewinnvergleichsrechnung eine Erweiterung der Kostenvergleichsrechnung dar. Bei gleichen Erlösen pro Mengeneinheit führen beide Verfahren zu gleichem Ergebnis. Die Gewinnverteilungsrechnung kann zur Beurteilung einzelner Investitionen oder zum Alternativvergleich mehrerer herangezogen werden. Dabei ist bei einzelnen Investitionen jede vorteilhaft, die einen Gewinn größer Null aufweist. Beim Alternativenvergleich wird diejenige Investitionsmöglichkeit gewählt, die den größten durchschnittlichen Jahresgewinn erwarten lässt.

1. Möglichkeit: durchschnittlicher kalkulatorischer Gewinn pro Periode

$$G_{kalk} = E - K = E - \left(K^B + \frac{I_0 - L_T}{T} + i \cdot \frac{I_0 + L_T}{2} \right)$$

(2. Möglichkeit: durchschnittlicher Kapitalgewinn pro Periode)

$$G_{kap} = E - K = E - \left(K^B + \frac{I_0 - L_T}{T} \right)$$

Gewinnvergleichsrechnung in Abhängigkeit von der Stückzahl:

$$G = \left(E - k_{var} \right) x - K_{fix}$$

Beurteilung des Verfahrens:

- Die Aufstellung von Kostenfunktionen der zu vergleichenden Anlage ist in der Praxis oft mit Schwierigkeiten verbunden.
- Das Verfahren kann nur für kurzfristige Investitionsvorhaben herangezogen werden, da es statisch ist und daher zukünftige Entwicklungen nicht berücksichtigen kann.
- Erlöse werden nicht berücksichtigt, so dass über die Rentabilität des Kapitals keine Aussage gemacht werden kann.
- Investitionsvorhaben, die starke Auswirkungen auf Erlösseite haben können besser beurteilt werden.

2.4.1.3 Die Rentabilitätsrechnung (Return on Investment)

In der statischen Rentabilitätsrechnung wird der Bezug vom Gewinn zum eingesetzten Kapital hergestellt, da der Investitionsgewinn oft mit unterschiedlichem Kapitaleinsatz erwirtschaftet wird und Kapital in der Regel nicht unbegrenzt zur Verfügung steht. Es wird die Periodenrentabilität berechnet, wobei beim Alternativvergleich die Alternative mit der maximalen Rentabilität gewählt wird.

$$\text{Rentabilität} = \frac{\text{durchschnittlicher Gewinn}}{\text{durchschnittlicher Kapitaleinsatz}}$$

1. Möglichkeit: durchschnittliche Gesamtrentabilität

$$r_{GK} = \frac{G_{Kap}}{\text{durchschnittlicher Kapitaleinsatz}} = \frac{E - \left(K^B + \dfrac{I_0 - L_T}{T}\right)}{\dfrac{I_0 + L_T}{2}}$$

r_{GK} gibt die durchschnittliche Verzinsung des eingesetzten Kapitals an; das Investitionsprojekt ist vorteilhaft, wenn r_{GK} größer als der Kalkulationszinssatz i ist.

2. Möglichkeit: durchschnittliche Überrentabilität

$$r_{\ddot{U}} = \frac{G_{Kalk}}{\text{durchschnittlicher Kapitaleinsatz}} = \frac{E - \left(K^B + \dfrac{I_0 - L_T}{T} + i \cdot \dfrac{I_0 + L_T}{2}\right)}{\dfrac{I_0 + L_T}{2}}$$

$r_{\ddot{U}}$ gibt die über die kalkulatorischen Zinsen für das durchschnittliche gebundene Kapital hinausgehende Rendite an; das Investitionsprojekt ist vorteilhaft, wenn $r_{\ddot{U}}$ positiv ist.

3. Möglichkeit: durchschnittliche Eigenkapitalrentabilität

$$r_{EK} = \frac{\text{Kosten für das als Kredit aufgenommene Kapital}}{\text{durchschnittliche eingesetzte eigene Kapital}}$$

Kosten aufgenommene FK: $E - \left(K^B + AfA_{kalk} + FK - Zins_{kalk}\right)$ oder $G_{kalk} + EK - Zins_{kalk}$

bei Ersatzinvestitionen: $r_{EK} = \dfrac{\text{Kosten für das als Kredit aufgenommene Kapital}}{\text{durchschnittliche eingesetzte eigene Kapital} - L_T}$

bei Rationalisierungsinvestitionen: $r_{EK} = \dfrac{\text{Kostenersparnis}}{\text{durchschnittlicher Kapitaleinsatz}}$

Das Investitionsprojekt ist dann vorteilhaft, wenn diese Rentabilität größer als die anderweitig mit dem Eigenkapital erzielbare Verzinsung ist.

Beurteilung des Verfahrens:
- Die Aufstellung von Kostenfunktionen der zu vergleichenden Anlage ist in der Praxis oft mit Schwierigkeiten verbunden.
- Das Verfahren kann nur für kurzfristige Investitionsvorhaben herangezogen werden, da es statisch ist und daher zukünftige Entwicklungen nicht berücksichtigen kann.
- Erlöse werden nicht berücksichtigt, so dass über die Rentabilität des Kapitals keine Aussage gemacht werden kann.
- Schwierigkeit, Umsätze und Erlöse den einzelnen Investitionsalternativen zuzurechnen.

2.4.1.4 Die statistische Amortisationsrechnung

Auch die Amortisationsrechnung stellt eine Erweiterung der Kosten- und Gewinnvergleichsrechnung dar. Es wird hierbei der Zeitraum ermittelt, in dem das ursprünglich eingesetzte Kapital durch Erlöse wieder vollständig zurückgeflossen ist. Es wird dadurch eine überschlägige Risikoeinschätzung verschiedener Investitionsobjekte möglich. Ein einzelnes Objekt kann dann als vorteilhaft gelten, wenn dessen Amortisationszeit kürzer ist, als die vom Investor als maximal zulässige. Beim Alternativenvergleich wird diejenige Alternative gewählt, die die kürzere Amortisationszeit hat. Die Amortisationsrechnung kann auf verschiedene Weise durchgeführt werden.

a) Durchschnittsrechnung (Rückflüsse konstant)

$$\text{Rückfluss } R = E - K^B \qquad \text{oder} \qquad R = G_{kalk} + AfA \qquad\qquad A = \frac{I_0}{R}$$

Der Rückfluss enthält weder kalkulatorische Zinsen, noch Abschreibungen, da es sich um keine Geldströme handelt.

b) Totalrechnung oder Kumulationsrechnung (Rückflüsse variabel)

Es werden die erwarteten Rückflüsse pro Periode geschätzt und kumuliert, bis sie der Höhe des Kapitaleinsatzes entsprechen.
Die dem Investitionsobjekt zurechenbaren Rückflüsse werden in der Praxis durch Gewinn plus Abschreibungen angenähert. Man geht also davon aus, dass alle Einzahlungen, soweit nicht für laufende Auszahlungen der Investition benötigt, zur Amortisation des eingesetzten Kapitals verwendet werden.

$$\hat{A} = \tilde{A} + \frac{I_0 - N_u}{N_0 - N_u} \qquad\qquad N_U := \sum_{t=0}^{\tilde{A}} (G_t + ASK_t) < I_0 \qquad\qquad G_t = E_t - K^B_t - \frac{I_0 - L_T}{T}$$
$$N_0 := \sum_{t=0}^{\tilde{A}+1} (G_t + ASK_t) > I_0$$

$\tilde{A}$ = Jahr,indem die Summe der Rückflüsse die Anschaffungsinvestition übersteigt - 1

Bei der dynamischen Amortisationsrechnung wird das Kapital auf den Zeitpunkt 0 abgezinst.

Beurteilung des Verfahrens:
Das Verfahren liefert als Ergänzung zur Rentabilitätsrechnung wertvolle Hinweise bezüglich der Risikoabschätzung von Investitionsvorhaben. Je länger die Kapitalbindung desto unsicherer ist die Rückgewinnung des Kapitals zu beurteilen.

2.4.2 Die dynamischen Verfahren der Investitionsrechnung

Mit Hilfe der dynamischen Investitionsrechnungen kann die Vorteilhaftigkeit von Investitionen wesentlich besser beurteilt werden, als mit statischen Verfahren.
Durch Anwendung von dynamischen Verfahren lassen sich die für die statischen Verfahren bekannten Schwächen beseitigen:
- Die einperiodische Betrachtungsweise, die auf Durchschnittswerte angewiesen ist, wird durch die genaue Erfassung von Ein- und Auszahlungen während der ganzen Nutzungsdauer abgelöst.
- Die Ein- und Auszahlungen werden entsprechend ihrem zeitlichen Anfall bewertet

Zu den klassischen dynamischen Verfahren zählen:
- Kapitalwertmethode
- Annuitätenmethode
- Interne Zinsfuß-Methode

2.4.2.1 Grundlagen dynamischer Verfahren

a) Aufzinsung

Bei der Aufzinsung wird errechnet, wie viel ein im Zeitpunkt 0 eingesetzter Betrag nach einer Anzahl von Jahren, in deren Verlauf Zins und Zinseszins anfallen, wert ist.

$(1+i)^n$ oder q^n (Aufzinsungsfaktor)

$K_n = K \cdot q^n$ (aufgezinstes Kapital)

bei unterschiedlichen Periodenzinsen: $(1+i_1)(1+i_2)...(1+i_n)$

b) Abzinsungsfaktor

Bei der Abzinsung wird errechnet, welcher Betrag im Zeitpunkt 0 eingesetzt werden muss, um einen Betrag K im Zeitpunkt n zu besitzen. Der erwünschte Betrag wird mit dem Abzinsungsfaktor abgezinst.

$\dfrac{1}{(1+i)^n}$ oder $\dfrac{1}{q^n}$ (Abzinsungsfaktor)

$K = \dfrac{K_n}{q^n}$ (abgezinstes Kapital)

bei unterschiedlichen Periodenzinsen: $\dfrac{1}{(1+i_1)(1+i_2)...(1+i_n)}$

c) Umrechnung von Zinssätzen auf andere Periodenlängen

Periode habe m (gleichlange) Teilperioden oder Zinsabschnitte (unterjährige Verzinsung)

q': Zinsfaktor der Teilperiode i': Zinssatz der Teilperiode

$q' = \sqrt[m]{q}$ bzw. $i' = \sqrt[m]{1+i} - 1$

d) Effektivzins

Effektivzins: $i_{eff} = \left(1 + \dfrac{i_{nom}}{m}\right)^m - 1$ p% bzw. i = p/100

e) Rentenendwert

Ist r die Höhe dieser Zahlungen, werden n Perioden betrachtet und erfolgt die Zahlung jeweils am Ende der Periode, so ergibt sich der Rentenendwert als

$$R_n = r \cdot \frac{q^n - 1}{q - 1}$$

f) Rentenbarwert

Fällt eine begrenzte Anzahl von Rückflüssen am Ende mehrerer Jahre in gleicher Höhe an, so wird ihr Gegenwartswert, der Wert zum Zeitpunkt Null wie folgt ermittelt:

$$R_0 = r \cdot \frac{q^n - 1}{q^n (q - 1)}$$

g) Wiedergewinnungsfaktor

Die Verteilung eines heute zur Verfügung stehenden Betrages zu gleichen Teilen über eine Anzahl von Jahren unter Berücksichtigung von Zinseszinsen wird durch Multiplikation mit dem Wiedergewinnungsfaktor ermöglicht.

$$\frac{q^n (q - 1)}{q^n - 1} \qquad \text{(Wiedergewinnungsfaktor)}$$

Geldbetrag, der jährlich nachschüssig eingenommen werden muss, um die Anschaffungsauszahlung wiederzugewinnen:

$$r = R_0 \cdot Wn$$

Anstatt jährlich r zu bezahlen, alles auf einmal Ro. Ist das ok?

$$R_0 = \frac{r}{Wn}$$

2.4.2.2 Die Kapitalwertmethode

Die Kapitalwertmethode (KWM) ermittelt den Barwert (Kapitalwert) einer bevorstehenden Investition durch Diskontierung der Zahlungsreihen auf den jetzigen Zeitpunkt.

$$C_0 = \sum_{t=0}^{n} (E_t - A_t) \cdot \frac{1}{(1 + i)^t}$$

oder bei Ersetzen von E – A durch Z und (1+i) durch q

$$C_0 = \sum_{t=0}^{n} \frac{Z_t}{q^t}$$

9

bzw. bei Ausgliederung der Anschaffungsauszahlung zum Zeitpunkt Null und des Liquidationserlöses im Zeitpunkt n:

$$C_0 = -I_0 + \sum_{t=0}^{n} \frac{Z_t}{q^t} + \frac{L_n}{q^n}$$

t :   Einzelne Perioden von 0 bis n
E_t :   Einzahlungen der Periode t
A_t :   Auszahlungen der Periode t
Z_t :   Rückflüsse der Periode t
C_0 :   Kapitalwert
L_n :   Liquidationserlös in der Periode n
I_0 :   Investitionsauszahlung in der Periode 0

Bei der KWM wird die Zahlungsreihe einer Investition an einer Alternativinvestition gemessen, die sich zum Kalkulationszinssatz verzinst. Ist der Kapitalwert positiv (C>0), so ist die Verzinsung des jeweils gebundenen Kapitals höher als der Kalkulationszinssatz, und das Projekt ist damit vorteilhaft.

Der Kapitalwert lässt nun zweierlei Deutungen zu:
➢ Die effektive Verzinsung der Investition ist höher als der Kalkulationszinsfuß.
➢ Der Kapitalwert zeigt analog zur Gewinnvergleichsrechnung den Gewinn einer Investition auf, wobei es sich im Gegensatz zur Gewinnvergleichsrechnung um den Barwert des Gewinns handelt.

Probleme:
➢ Unterstellt Reinvestitionen zum Kalkulationszinssatz, falls das durch die Investition gebundene Kapital zwischenzeitlich negativ wird, d.h. ein zwischenzeitlicher Überschuss entsteht.
➢ Kosten des Kapitals sind nicht unbedingt eindeutig bestimmbar.

2.4.2.3 Die Annuitätenmethode

Die Vorteilhaftigkeit einer Investition lässt sich neben dem Kapitalwert auch durch die äquivalente, äquidistante und uniforme Annuität zeigen. Diese ist der gleich bleibende Betrag, der neben Tilgung und Verzinsung in jeder Periode zur Verfügung steht.

äquivalent = Barwert der neuen Reihe = Barwert der gegebenen Reihe
äquidistant = Zahlungszeitpunkte sind gleich weit voneinander entfernt
uniform = Zahlen sind gleich groß

Die Ermittlung der Annuität erfolgt durch Multiplikation des Kapitalwertes mit dem Wiedergewinnungsfaktor.

Eine Einzelinvestition ist vorteilhaft, wenn sie eine jährliche Entnahme ermöglicht (Gewinnannuität >0). In einem solchen Fall ist die Einzahlungsannuität der Investition größer als ihre Auszahlungsannuität.
Beim Alternativenvergleich ist eine Investition A einer Investition B vorzuziehen, wenn gilt: Annuität A > Annuität B.

2.4.2.4 Die Interne Zinssatzmethode

Durch die interne Zinssatzmethode (IZM) wird, ähnlich der Rentabilitätsrechnung, die Verzinsung des jeweils gebundenen Kapitals ermittelt. Für die Berechnung der Verzinsung wird der Kapitalwert gleich 0 gesetzt und die Gleichung nach dem internen Zinssatz i aufgelöst.

$$0 = \sum_{t=0}^{n} (E_t - A_t) \cdot \frac{1}{(1+i)^t}$$

Die Auflösung der Gleichung bereitet Schwierigkeiten, da eine Gleichung n-ten Grades vorliegt. Die Lösung kann durch Diskontierung mit zwei Versuchszinssätzen und anschließender Interpolation ermittelt werden.

Schätzwert für i: $i_{int} = i_1 + C_0(i_1) \dfrac{i_2 - i_1}{C_0(i_1) - C_0(i_2)}$

Der Fehler der linearen Interpolation nimmt mit dem Interpolationsintervall ab, d.h. um größere Fehler zu vermeiden, sollte ein möglichst kleiner Interpolationsintervall gewählt werden.

Beispiel:

$i_1 = 0,10 \Rightarrow C_0(i_1) = 6,78$
$i_2 = 0,15 \Rightarrow C_0(i_2) = -4,42$

$\Rightarrow i_{int} = 0,1 + 6,78 \dfrac{0,15 - 0,1}{6,78 - (-4,42)} = 0,1303$

Probe: $C_0(0,1303) = -0,2027$

Weitere Iteration:

$i_1 = 0,10 \Rightarrow C_0(i_1) = 6,7769$
$i_3 = 0,1303 \Rightarrow C_0(i_3) = -0,2027$

$\Rightarrow i_{int} = 0,1 + 6,7769 \dfrac{0,1303 - 0,1}{6,7769 - (-0,2027)} = 0,1294$

Probe: $C_0(0,1294) = -0,004 \approx 0$ $\Rightarrow i_{int} \approx 12,94\%$

Die Investition wird unter der Annahme des vollkommenen Kapitalmarktes dann durchgeführt, wenn der interne Zinssatz über dem Kapitalmarktzinssatz (Kalkulationszinssatzes) liegt. Bei beschränktem, unvollkommenem Kapitalmarkt besteht zusätzlich die Kalkulationszinsfußproblematik. Die Berechnung interner Zinssätze bringt einen Nachteil mit sich: Die mathematische Struktur der Gleichung n-ten Grades lässt grundsätzlich n Lösungen zu. Wie Kilger nachgewiesen hat, besitzt eine Zahlungsreihe, die in den ersten Perioden Auszahlungsüberschüsse aufweist, höchstens eine positive Lösung. Der interne Zinsfuss ist bei einer solchen „Normalinvestition" mit nur einem Vorzeichenwechsel dann positiv, wenn die Summe aller Einzahlungen die kumulierte Auszahlungen übersteigt. Treten dagegen bei einer Investition Auszahlungs- und Einzahlungsüberschüsse auf, ohne dass eine klare Trennung in eine Auszahlungs- und in eine Einzahlungsüberschussphase möglich ist, so kann die Gleichung n-ten Grades mehrere, eine oder keine Lösung besitzen.

2.4.2.5 Auswahlentscheidungen

> Genauer: Auswahl aus einer Menge einander ausschließender Investitionen

> Problem:
> o Unterschiede bezüglich
>   ▪ Kapitaleinsatz
>   ▪ Lebensdauer
>   ▪ Struktur der Rückflüsse

> IZM ist für die Auswahlentscheidung ungeeignet
> o Unterschiedliche Projekte weisen eine unterschiedliche Struktur von Kapitalbindungen auf
> o Interner Zins ist ein relatives Zielkriterium, das sich auf unterschiedliche Bezugsbasen bezieht
> o Niedrigere Renditen auf höheres gebundenes Kapital kann für das Einkommen besser sein als höhere Rendite für weniger gebundenes Kapital

> AM ist für Auswahlentscheidungen ungeeignet, wenn der Betrachtungszeitraum der verglichenen Alternativen unterschiedlich ist und sich die Annuitäten auf unterschiedliche Zeiträume beziehen.

> Daher im folgendem KWM: Prinzipielle Entscheidungsregel: höherer Kapitalwert besser

Vollständiger und begrenzter Vorteilsvergleich:

Projekt I und II stehen mit folgenden Daten zur Wahl:

Jahre Investition	0	1	2
I $\quad E_t - A_t$	- 200	0	+ 242,55
II $\quad E_t - A_t$	- 100	+ 126	

Die Kapitalwertmethode führt bei i=5% zu folgendem Ergebnis:

I: $\quad C_0 = -200 + \dfrac{242,55}{(1+0,05)^2} = 20$

II: $\quad C_0 = -100 + \dfrac{126}{(1+0,05)} = 20$

Nach der Kapitalwertmethode würden die Projekte gleichwertig eingestuft (begrenzter Vorteilsvergleich). Da aber offensichtlich €200 zur Verfügung stehen (sonst könnte I nicht realisiert werden), können bei II in t_0 zusätzlich €100 investiert werden. Diese zusätzliche Investitionsmöglichkeit muss bei einem vollständigen Vergleich berücksichtigt werden. Wird dieser Betrag für eine zweite Anlage des Typ II verwendet, so wird in t_1 eine Einzahlung von 2 x €126 = €252 erzielt. Die Investition I und II sind nun im Zeitpunkt t_0 vergleichbar. Die gleiche Voraussetzung wird für t_1 durch Wiederanlage der Einzahlung (€252) erfüllt. €200 werden für zwei weitere Anlagen von Typ II verwendet, die restlichen €52 werden zum

Kalkulationszinssatz angelegt. Aus den beiden Maßnahmen in t_1 folgen für t_2 Einzahlungen in Höhe von €252 aus der Investition in die Anlage II zuzüglich €54,60 aus der Finanzinvestition. Unter diesen Voraussetzungen wäre Investition II vorzuziehen.

Investitionen, die zur Vergleichbarkeit von Alternativen vorzunehmen sind, werden in der Literatur als Differenzinvestitionen bezeichnet. Oft wird der vereinfachte begrenzte Vorteilsvergleich durchgeführt, der unterstellt:

- Differenz der Anschaffungskosten wird zum Kalkulationszinssatz angelegt
- Rückflüsse während der Laufzeit werden zum Kalkulationszinssatz angelegt

2.4.2.6 Anmerkungen

a)
Erfolgt in der Investitionsrechnung eine vereinfachte Berücksichtigung von Ertragssteuern, wie dies beim Grundmodell üblich ist, so sind die Periodenrückflüsse $Z = E_t - A_t$ jeweils um die Steuerzahlung $S_t = s\left(E_t - A_t - AfA_t\right)$ zu kürzen und gleichzeitig ist ein versteuerter Kalkulationszinsfuss i_s in das Kalkül einzubeziehen. Das Kapitalwertmodell enthält dann folgende Gestalt:

$$C_0 = \sum_{t=0}^{n} \frac{Z - S_t}{q_s^{\,t}} \qquad q_s = 1 + i_s \qquad i_s = i(1 - s)$$

Stimmen steuerlicher Restbuchwert und Liquidationserlös nicht überein, so stellt die Veräußerung einen erfolgswirksamen Vorgang mit ertragssteuerlichen Konsequenzen dar. Ist die betriebsgewöhnliche Nutzungsdauer größer als die tatsächliche Nutzungsdauer, dann ergibt sich der Kapitalwert zu:

$$C_0 = -I_0 + \sum_{t=0}^{n} \frac{\left(E_t - A_t\right) - s\left(E_t - A_t - AfA_t\right)}{q_s^{\,t}} + \frac{L_n - s\left(L_n - B_n\right)}{q_s^{\,n}}$$

Kapitalwert nach Ertragssteuern:

$$C_0 = -I_0 + (1 - s) \cdot \sum_{t=1}^{n} \frac{Z_t}{q_s^{\,t}} + s \cdot \sum_{t=1}^{n} \frac{AS_t}{q_s^{\,t}} + s \cdot \frac{B_n}{q_s^{\,n}}$$

b)
➢ Berücksichtigung der Datenunsicherheit in Risikosituationen:
  ○ Korrekturverfahren: Risikoab- bzw. -zuschläge bei
    ▪ Kalkulationszins
    ▪ Gewinnschätzung
  ○ Sensitivitätsanalyse: Ergebnisänderung bei Variation der Inputgrößen
  ○ Modelle unter Einbeziehung individueller Risikoeinstellungen
  ○ Abbildung durch OR Modelle

c)
➢ Berücksichtigung unterschiedlicher Zinssätze: Dynamische Endwertverfahren:
  ○ Finanzierung der Auszahlungen bis Projektende zu Sollzinssatz
  ○ Anlage der Einzahlungen bis Projektende zu Habenzinssatz

3. Bereitstellung der finanziellen Mittel

Zum Begriff Finanzierung:
➢ Maßnahmen der Kapitalbeschaffung (Finanzierung im engeren Sinne)
➢ Alle Kapitaldispositionen, die zur Durchführung des Betriebsprozesses erforderlich sind (Finanzierung im weiteren Sinne)

Finanzierungsentscheidung: „Entscheidung über Gestaltung finanzieller Beziehungen zwischen kapitalaufnehmendem Unternehmen und Kapitalgebern":
➢ Termine und Höhe der Zahlungen
➢ Bedingungen, von denen Zahlungen abhängen
➢ Sicherheiten
➢ Informationspflichten des Kapitalnehmers und Kontrollrechte des Geldgebers

3.1 Systematisierung der Finanzierungsformen

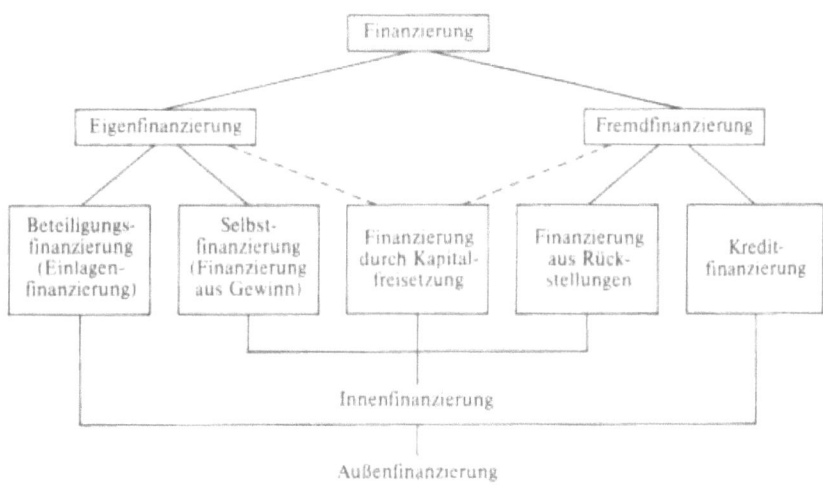

a) Kriterium der Rechtsstellung

Nach dem Kriterium der Rechtsstellung der Kapitalgeber und der Kapitalhaftung unterscheidet man Eigenfinanzierung und Fremdfinanzierung.
Unter Eigenfinanzierung versteht man die Zuführung und Erhöhung des Eigenkapitals einer Unternehmung durch Einlagen der Unternehmenseigner oder aus dem Gewinn des Unternehmens. Das Eigenkapital haftet für die Verpflichtung der Unternehmung.
Das im Rahmen der Fremdfinanzierung aufgebrachte Fremdkapital haftet dagegen nicht für Verbindlichkeiten der Unternehmung. Es begründet für die Unternehmung eine Rückzahlungsverpflichtung gegenüber den Gläubigern. Es steht grundsätzlich nur terminiert zur Verfügung und muss zu den vereinbarten Terminen getilgt werden.

Kriterien	Eigenkapital	Fremdkapital
Haftung	Mindestens in der Höhe der Einlage	Keine Haftung = Gläubigerstellung
Ertragsanteil	Volle Teilhabe am Gewinn	Fester Zinsanspruch, kein GuV-Anteil
Vermögensanspruch	Quotenanspruch, wenn Liquidationserlös>Schulden	Rückanspruch in der Höhe der Gläubiger-Forderung
Unternehmensleitung	Berechtigt	Grundsätzlich ausgeschlossen
Verfügbarkeit	unbegrenzt	Terminiert
Steuerliche Belastung	Gewinn voll belastet mit ESt, KSt, GewSt	Zinsen als Aufwand steuerlich absetzbar
Finanzierungskapazität	Durch private Vermögenslage der Unternehmer beschränkt	Unbeschränkt, vom Vorliegen von Sicherheiten abhängig

b) Kriterium der Fristigkeit

Nach dem Kriterium der Fristigkeit der Finanzierungsformen kann in kurz-, mittel- und langfristige Finanzierung unterteilt werden. Obwohl Eigenkapital grundsätzlich langfristig zur Verfügung steht, kann etwa der Gesellschafter einer OHG sein Gesellschafterverhältnis mit einer Frist von 6 Monaten kündigen.

c) Kriterium der Mittelherkunft

Nach dem Kriterium der Mittelherkunft kann man in Außen- und Innenfinanzierung einteilen.

Außenfinanzierung:
> Einlagen der Unternehmenseigner
> Beteiligung von Gesellschaftern
> Kreditkapital von Gläubigern
> Staatliche Subventionen

Innenfinanzierung:
> Zusätzliche Kapitalbildung (Bilanzverlängerung)
> Schaffung von disponiblem Kapital (Aktivtausch)
> Finanzierung durch Einbehaltung von Gewinnen (Selbstfinanzierung)
> Finanzierung aus Abschreibungen
> Finanzierung aus Rückstellungen
> Finanzierung durch Kapitalfreisetzung

3.2 Außenfinanzierung

3.2.1 Einlagen- und Beteiligungsfinanzierung

Die Einlagen- und Beteiligungsfinanzierung umfasst alle Formen der Beschaffung von Eigenkapital durch Kapitaleinlagen von bisher bereits vorhandenen oder neu hinzugetretenen Gesellschaftern der Unternehmung. Sie finden stets bei Gründung einer Unternehmung statt, aber auch bei späteren Kapitalerhöhungen.
Die Rechtsform einer Unternehmung hat entscheidenden Einfluss auf die Aufbringung von Eigenkapital in Form der Beteiligungsfinanzierung.

3.2.1.1 Einzelunternehmung und Personengesellschaften

Bei der **Einzelunternehmung** bereitet die Beschaffung von Eigenkapital die größten Schwierigkeiten, da primär nur das Vermögen des Unternehmers zur Verfügung steht. Der Einzelunternehmer kann das Eigenkapital durch Zuführung aus seinem Privatvermögen erhöhen, aber auch jederzeit wieder durch Entnahmen verringern. Für eine Verstärkung der Eigenkapitalbasis kommt für den Einzelunternehmer vor allem die Innenfinanzierung in Betracht, indem der jährliche Gewinn ganz oder teilweise nicht entnommen wird. Als Möglichkeit der Beteiligungsfinanzierung unter Beibehaltung der Rechtsform bietet sich die Aufnahme eines stillen Gesellschafters an.

Bei der **stillen Gesellschaft** handelt es sich um eine reine Innengesellschaft, die nach außen nicht in Erscheinung zu treten braucht. Die Einlage des stillen Gesellschafters geht in das Vermögen des Einzelunternehmens über. In der Bilanz wird ein einziges Eigenkapitalkonto ausgewiesen, so dass für Außenstehende die stille Beteiligung nicht aus der Bilanz ersichtlich ist. Der stille Gesellschafter ist stets mit angemessenem Anteil am Gewinn zu beteiligen, am Verlust nimmt er nur bis zur Höhe seiner Einlage teil. Es kann in eine typische und atypische stille Gesellschaft unterschieden werden. Der typische stille Gesellschafter wird mit seiner nominellen Einlage abgefunden, während der atypische am Vermögenszuwachs des Betriebes beteiligt und als Mitunternehmer anzusehen ist.

Bei der **offenen Handelsgesellschaft (OHG)** kann eine Beteiligungsfinanzierung durch Einbringen neuen Kapitals der bisherigen Gesellschafter oder durch Aufnahme neuer Gesellschafter erfolgen. Der Einbringung neuen Kapitals durch die bisherigen Gesellschafter werden durch deren Vermögensverhältnisse Grenzen gesetzt. Einer unbeschränkten Aufnahme neuer Gesellschafter steht die Leistungsbefugnis entgegen. Die Zahl der Gesellschafter einer OHG wird nicht nur vom Kapitalbedarf bestimmt, sondern auch vom Bedürfnis nach Aufteilung der Unternehmensfunktionen.

3.2.1.2 Kapitalgesellschaften

Bei der **Kommanditgesellschaft (KG)** muss die Anzahl der Komplementäre aus den für die OHG angeführten Gründen ebenfalls beschränkt bleiben. Durch die Möglichkeit der Aufnahme von Kommanditisten, deren Haftung auf die Höhe der Kapitaleinlage beschränkt ist und die von der Geschäftsführung ausgeschlossen sind, besitzt die KG jedoch wesentlich günstigere Voraussetzungen zur Ausweitung der Eigenkapitalbasis. Kommanditisten sind aber nur so lange zu gewinnen, wie das Risiko einer Kapitalbeteiligung nicht als zu hoch erachtet wird. Die Probleme der Sicherheit und Fungibilität der Kommanditbeteiligung begrenzen daher die Ausweitung der Kapitalbasis einer KG.

Die **Gesellschaft mit beschränkter Haftung (GmbH)** besitzt ein in seiner Höhe fixiertes Nominalkapital. Dieses Stammkapital wird durch Ausgabe von Anteilen an Gesellschafter aufgebracht. Die Haftung der Gesellschafter ist auf die Erbringung ihrer Einlage beschränkt. Für Verbindlichkeiten der GmbH haftet nur das Gesellschaftsvermögen. Die Haftungsbeschränkung erleichtert der GmbH die Aufnahme von Eigenkapital.

Die Rechtsform der **Aktiengesellschaft** ist am besten für die Aufbringung großer Eigenkapitalbeträge geeignet. Diese besondere Eignung ist vor allem auf folgende Gründe zurückzuführen:
➢ Aufteilung des Kapitals in kleine und kleinste Teilbeträge

> Hohe Verkehrsfähigkeit der Anteile
> Organisationsform gestattet eine große Anzahl von Eigentümern

Für die Ausgabe von Anteilen einer Aktiengesellschaft stehen verschiedene Aktienarten zur Verfügung. Nach dem Grad der Übertragbarkeit können Inhaberaktien, Namensaktien und vinkulierte Namensaktien unterschieden werden.
Die Eigentumsübertragung einer Inhaberaktie erfolgt durch Einigung und Übergabe.
Die Übertragung von Namensaktien erfolgt durch Indossament und Übergabe. Zusätzlich zum Indossament ist die Eintragung des Inhabers nach Namen, Wohnort und Beruf in das Aktienbuch der Gesellschaft erforderlich.
Die Übertragung vinkulierter Namensaktien ist an die Zustimmung der Gesellschaft gebunden. Die Vinkulierung soll verhindern, dass die Anteile an Aktionäre verkauft werden, die der Gesellschaft als nicht wünschenswert erscheinen.

Ein weiteres Kriterium zur Unterscheidung von Aktienarten ist der Umfang der Rechte, die eine Aktienurkunde verbrieft. Hiernach kann in Stammaktien und in Vorzugsaktien unterschieden werden.

Stammaktien gewähren:
> Recht auf Teilnahme an der HV
> Recht auf Auskunftserteilung
> Stimmrecht
> Recht auf Dividende
> Recht auf Anteil an Liquidationserlös
> Bezugsrecht

Vorzugsaktien gewähren Vorteile bei den Rechten der Stammaktien.

Eine ordentliche Kapitalerhöhung erfolgt durch Ausgabe von neuen Aktien. Die bisherigen Aktionäre besitzen dabei ein Bezugsrecht entsprechend ihrer Beteiligung. Erhalten die Altaktionäre kein Bezugsrecht, so erleiden sie einen Vermögensverlust durch das Absinken des Aktienkurses nach erfolgter Kapitalerhöhung. Zum Vermögensverlust käme für die Altaktionäre unabwendbare Verschiebung der Stimmverhältnisse hinzu. Das gesetzliche Bezugsrecht soll den Altaktionär vor materiellen und immateriellen Verlusten schützen.

$$\text{Bezugsverhältnis} = \frac{\text{altes Grundkapital}}{\text{Umfang Kapitalerhöhung}}$$

Der rechnerische Wert des Bezugsrechts ergibt sich nach der Formel:

$$\frac{\text{Börsenkurs der alten Aktien - Bezugskurs der jungen Aktien}}{\text{Bezugsverhältnis} + 1} \quad \text{oder Ka - Mittelkurs}$$

Bezugsrechte können gekauft und verkauft werden. Zu diesem Zweck wird das Bezugsrecht an der Börse gehandelt und auch selbständig notiert. Der tatsächliche Wert des Bezugsrechtes richtet sich dabei nach Angebot und Nachfrage und kann mitunter erheblich vom rechnerischen Wert abweichen.

Rücklageneinstellung: Agio(Differenz Ausgabekurs und Nennwert) x Anzahl junge Aktien

17

$$\text{Mittelkurs} = \frac{a \cdot Ka + j \cdot Kj}{a + j}$$

Bei der bedingten Kapitalerhöhung ist die effektive Erhöhung des Aktienkapitals von der Ausübung von Bezugs- und Umtauschrechten abhängig.

Beim genehmigten Kapital ermächtigt die Hauptversammlung den Vorstand der AG für längstens fünf Jahre das Grundkapital bis zu einem bestimmten Nennbetrag, der die Hälfte des bisherigen Grundkapitals nicht überschreiten darf, zu erhöhen.

3.2.2 Kreditfinanzierung

Bei der Kreditfinanzierung wird Fremdkapital von außen aufgenommen. Durch die Kreditfinanzierung entstehen Gläubigerrechte. Dies bedeutet im Gegensatz zur Beteiligungsfinanzierung, dass:

> In der Regel keine Mitspracherechte der Geldgeber bei der Geschäftsführung entstehen
> Die Kreditüberlassungsdauer befristet ist
> Ein Rechtsanspruch auf Rückzahlung des Kredites in nomineller Höhe besteht, also keine Beteiligung am Vermögenszuwachs und den stillen Reserven der Unternehmung
> Das Fremdkapital in der Regel weder am Gewinn der Unternehmung noch an Verlusten beteiligt ist, sondern ein fester Zins vereinbart wird
> Für Kredite zu leistende Zins- und Tilgungszahlungen eine feste Liquiditätsbelastung entsteht

3.2.2.1 Kurz- und mittelfristige Kreditfinanzierung

3.2.2.1.1 Geldleihe

Es wird dem Unternehmen durch das Kreditinstitut Geld zur Verfügung gestellt.

a) Kontokurrentkredit

Der Kontokorrentkredit stellt die klassische kurzfristige Kreditform dar. Unter Kontokorrent wird eine laufende Rechnung verstanden, bei der Plus- und Minusbewegungen stattfinden. Mindestens einer der Partner, der an dem Kontokorrentkredit beteiligt ist, muss Kaufmann im Sinne des HGB sein. Auch ein Lieferantenkredit kann somit ein Kontokorrentkredit sein. Unter Kontokorrentkrediten im engeren Sinne versteht man jedoch nur Bankkredite.

Die Abwicklung von Kontokorrentkrediten bei Banken erfolgt über die Kontokorrentkonten, die auch als Girokonten bezeichnet werden. Mit der Eröffnung eines Kontokorrentkontos ist jedoch nicht automatisch eine Krediteinräumung verbunden. Dies setzt vielmehr in der Regel einen Kreditantrag und eine Kreditwürdigkeitsprüfung durch die Bank voraus. Die Zusage des Kredits erfolgt dann in Form einer Kontokorrentkreditlinie. Die Kreditlinie stellt den Höchstbetrag dar, bis zu dem das Girokonto überzogen werden darf. Wird ein Kredit ohne Zusage durch die Bank in Anspruch genommen oder die Kreditlinie überschritten, so wird zusätzlich zu den normalen Kreditzinsen eine Überziehungsprovision berechnet.

Die effektiven Kreditkosten beim Kontokorrentkredit setzen sich zusammen aus: Zinsen, Kreditprovision und gegebenenfalls Bereitstellungsprovision. Hinzu kommt noch die Umsatzprovision.

b) Kredit mittels kurzfristiger Verpfändung von Wertpapieren

Darunter versteht man die Ausreichung eines Darlehens gegen Verpfändung von Wertpapieren. Das Charakteristikum ist somit die Art der Sicherstellung. Der Kredit wird in der Regel als fester Betrag für eine bestimmte Laufzeit ausgereicht und ist nach Fristablauf in einer Summe zu tilgen. Der Nachteil besteht in den hohen Kosten und der bedingten Verfügbarkeit der entsprechenden Wertpapiere.

c) Wechseldiskontkredit

Der Wechsel stellt ein Zahlungsversprechen dar, das Wertpapiercharakter besitzt. Er ist ein geborenes Orderpapier, das durch einen schriftlichen Übertragungsvermerk, das Indossament, weitergegeben werden kann. Als Wechselberechtigter gilt derjenige, der den Wechsel in Händen hat und durch eine ordnungsgemäße Indossamentenkette ausgewiesen ist. Nach dem Wechselgesetz können zwei wichtige Grundformen des Wechsels unterschieden werden:
➢ Solawechsel
➢ Tratte oder gezogener Wechsel

Der Solawechsel stellt ein Zahlungsversprechen des Wechselausstellers über eine bestimmte Geldsumme dar. Aussteller und Bezogener sind beim Solawechsel identisch.
Beim gezogenen Wechsel fallen dagegen Aussteller und Bezogener nicht zusammen. Die Tratte stellt die Anweisung des Wechselausstellers an den Bezogenen dar, eine bestimmte Geldsumme an ihn oder einen Dritten zu zahlen. Zur Zahlung aus dem Wechsel verpflichtet wird der Bezogene, wenn er den Wechsel durch seine Unterschrift akzeptiert hat. Ein gezogener Wechsel, der vom Bezogenen akzeptiert ist, wird auch als Akzept bezeichnet.

d) Diskontkredit

Unter Diskontierung versteht man den Ankauf von Wechseln vor Fälligkeit unter Abzug der Zinsen für die Zeit vom Ankaufstag bis zum Fälligkeitstag. Der Abzug der Zinsen wird als Diskont bezeichnet. Der Nominalbetrag des Wechsels verringert um den Diskont ergibt den Gegenwartswert, der dem Wechseleinreicher zur Verfügung gestellt wird. Obwohl man bei der Wechseldiskontierung vom Ankauf durch die Bank spricht, handelt es sich um ein Kreditgeschäft, da der Wechseleinreicher der Bank gegenüber so lange verpflichtet bleibt, bis der Bezogene Zahlung geleistet hat.

Die Kosten des Diskontkredits setzen sich zusammen aus dem Diskont, den das Kreditinstitut von der Wechselsumme abzieht und aus den Diskontspesen, die beim Inkasso des Wechsels auftreten können. Bei einer Wechselsumme von 100 € und einem Diskontsatz von 6% p.a. ergibt sich bei 360 Tagen Laufzeit ein Diskonterlös von 94 € und damit

Effektive Kreditkosten von: $\left(\dfrac{6 \cdot 100\%}{94} \right) = 6,38\%$

➢ Vorteil: schnell, geringe Kosten
➢ Nachteil: entsprechende Wechsel müssen verfügbar sein

e) Commercial Papers, Medium Term Notes

Als Alternative zu kurzfristigen Krediten bei revolvierendem Kreditbedarf bieten sich für große Unternehmen Commercial Papers oder Medium Term Notes an.

Mit Medium Term Notes und Commercial Papers umgehen Großunternehmen die Banken als Kreditgeber und emittieren eigene kurzfristige Notes am Kapitalmarkt.

Commercial Papers und Medium Term Notes sind Inhaberpapiere mit Laufzeiten zwischen sieben Tagen und zwei Jahren, abhängig vom Kreditbedarf des Schuldners und der Marktlage.

Die Programme sollten aus Kostengründen mindestens 100 Mio € - bei einem Mindesttranchenvolumen von 5 Mio € - umfassen.

Die Kosten der genannten Kredite hängen vom aktuellen Zinsniveau ab, genauer gesagt von den Leitzinsen, welche die Kosten der Kreditinstitute für die Kapitalbeschaffung beschreiben.
> Leitzinsen für die Refinanzierung der Kreditinstitute bei der EZB: Unter- und Obergrenze werden durch zwei ständige Fazilitäten definiert:
  o LGR-Satz: Zinssatz für längerfristige Refinanzierungsgeschäfte (Untergrenze)
  o SRF-Satz: Spitzenrefinanzierungsfazilität = Zinssatz, zu dem Kreditinstitute Wertpapiere bei der EZB über Nacht verpfänden können (Obergrenze)
> Leitzinsen für Geld- und Kapitalmarktgeschäft der Kreditinstitute untereinander, v.a. EURIBOR für verschiedene Fristigkeiten, für Tagesgeld EONIA

f) Handelskredite

Lieferantenkredit:
Unter Lieferantenkredit im engeren Sinne versteht man den Kredit, der vom Verkäufer einer Ware dem Käufer im Zusammenhang mit dem Warenabsatz gewährt wird.
In Form des Lieferantenkredit soll der Handelskredit den Zeitraum zwischen Beschaffung und Wiedergeldwerdung der Ware überbrücken.
Die Tilgung erfolgt aus dem Umsatzerlös der kreditierten Ware. Geldmittel werden dem Kreditnehmer hierbei nicht zur Verfügung gestellt, sondern die Kreditierung liegt in der Stundung des Kaufpreises der Ware durch den Lieferanten.
Der Lieferantenkredit stellt ein wichtiges absatzpolitisches Instrument dar. In manchen Branchen besitzt der Wettbewerb über Zahlungskonditionen teilweise die gleiche Bedeutung wie der Preiswettbewerb.
Die häufigste Form des Lieferantenkredits ist der Verkauf auf Ziel, wobei der Rechnungsbetrag den Zielpreis darstellt. Der Barpreis unterscheidet sich vom Zielpreis durch den Skontoabzug. Der Lieferantenkredit in Form des Skontoabzugs ist in der Regel sehr teuer, was sich bei Umrechnung der Skontosätze auf Jahreszinssätze zeigt:

$$\text{Jahressatz} = \frac{\dfrac{\text{Skontosatz in \%}}{100\% - \text{Skontosatz in \%}} \cdot 360}{\text{Zahlungsziel} - \text{Skontofrist}}$$

So ergibt sich bei folgenden Konditionen: 3% Skonto bei Zahlung innerhalb von 3 Tagen,

sonst rein nette innerhalb von 30 Tagen ein Jahreszinssatz von $\dfrac{\dfrac{3\%}{97\%} \cdot 360}{30 - 3} \approx 41,24\%$.

Unter dem Rentabilitätskriterium gesehen ist es daher meist günstiger, Bankkredite in Anspruch zu nehmen als Lieferantenkredite. Eine hohe Verschuldung bei identischen Lieferanten kann auch zu einer wirtschaftlichen Abhängigkeit führen. Da die Absicherung des Lieferantenkredits regelmäßig durch Eigentumsvorbehalt an der Ware erfolgt, ergibt sich hier auch eine gewisse Einschränkung der Verfügungsgewalt. Der Lieferantenkredit beinhaltet auch für die Kreditgeber eine gewisse Ansteckungsgefahr bei einer Insolvenz der Kreditnehmer.

Die Hauptursache für die relativ häufige Inanspruchnahme des Lieferantenkredits ist darin zu sehen, dass die vergleichsweise umständlichen Formalitäten bei der Nachsuchung um andere Kreditarten vollkommen entfallen. Der Kreditnehmer wird sich häufig gar nicht der Tatsache bewusst, dass er einen Kredit beansprucht. Auch die Kreditwürdigkeitsprüfung wird durch die Lieferanten meist diskret vorgenommen bzw. überhaupt nicht durchgeführt.

Kundenzahlungen:

Während beim Lieferantenkredit eine Kreditierung durch Zulieferer der Unternehmung erfolgt, treten beim Vorauszahlungskredit Abnehmer als Kreditgeber auf. Der Besteller einer Ware leistet hier vor Lieferung, teilweise oder vollständige Bezahlung. Kundenzahlungen sind vor allem bei Auftragsproduktionen üblich. Die Anzahlungen stellen für das produzierende Unternehmen eine Finanzierungshilfe dar. Ferner wird das Risiko verringert, dass der Auftraggeber die bestellte Ware nicht abnimmt oder keine Zahlung leistet. Vereinbarungen von Zinsen sind dabei möglich.

g) Kredite im Auslandsgeschäft

Die beschriebenen kurzfristigen Kreditformen stehen prinzipiell auch für das Außenhandelsgeschäft zur Verfügung. Es haben sich hierbei jedoch einige spezielle Kreditformen herausgebildet, die teilweise Kombinationen der bisher erläuterten Arten darstellen.

Rembourskredit:

Will sich der Exporteur mit dem Akzept des Importeurs nicht begnügen, da ihm dessen Bonität unbekannt ist oder unsicher erscheint, so wird er ein Remboursgeschäft fordern.

Negoziierungskredit:

Die Negoziierungskredite stellen spezielle Formen des Diskontkredits dar, die sich im Außenhandelsgeschäft herausgebildet haben.

3.2.2.1.2 Kreditleihe

Bei der Kreditleihe erhält die Unternehmung keine finanziellen Mittel, sondern sie leiht sich die Kreditwürdigkeit einer Bank, d.h. die Bank steht mit ihrem Namen für das Unternehmen ein.

a) Akzeptkredit

Beim Akzeptkredit erteilt ein Kreditinstitut einem Kunden ein Bankakzept. Die Bank räumt dem Kunden das Recht ein, auf sie einen Wechsel zu ziehen, der dann von der Bank als Bezogener akzeptiert wird. Der Bankakzept kann vom Kunden an seinen Gläubiger weitergegeben oder bei einem Kreditinstitut diskontiert werden. Die Diskontierung erfolgt häufig bei der gleichen Bank, die das Akzept erteilt hat. Das Bankakzept wird zu einem Vorzugssatz diskontiert, der unter dem normalen Diskontsatz liegt.

b) Avalkredit

Unter einem Aval versteht man die Übernahme einer Bürgschaft oder Garantie durch ein Kreditinstitut im Auftrag eines Kunden (Avalkreditnehmer) gegenüber einem Dritten (Avalbegünstigter).

3.2.2.2 Langfristige Kreditfinanzierung

Beim Ausstattungskredit stellt der Lieferant den Abnehmern einen Investitionskredit zur Verfügung, der der Beschaffung von Ausrüstungsgegenständen dienen soll. Durch Inanspruchnahme eines Ausstattungskredits wird der Kreditnehmer zu einer langfristigen Abnahme der Erzeugnisse des Lieferanten verpflichtet. Investitionskredite werden vor allem von Brauereien, an Gaststätten und von Mineralölgesellschaften an Tankstellen gewährt, die dann jeweils verpflichtet sind, die entsprechenden Erzeugnisse des Kreditgebers zu veräußern. Die Rückzahlung des Kredits erfolgt häufig durch einen Aufschlag auf den sonst üblichen Warenpreises.

3.2.2.2.1 Darlehen

➤ Darlehen = Hingabe von Geld, wobei der Empfänger Sachen geicher Art, Güte und Menge zurückzugeben hat, nicht sofort durch Kreditgeber kündbar
➤ Modalitäten:
  o Darlehensbetrag
  o Laufzeit und Art der Tilgung
  o Zinszahlungen
  o Sicherheiten
➤ Kreditgeber: v.a. Kreditinstitute

Bei langfristigen Krediten werden in der Regel feste Tilgungsmodalitäten vereinbart. Es sind dies im Wesentlichen:

(1) Gesamttilgung am Ende der Laufzeit
(2) Ratentilgung
(3) Annuitätentilgung

Während im Fall (1) die Rückzahlung des Kredits in Höhe des Gesamtbetrages am Ende der Kreditlaufzeit erfolgt, wird bei Typ (2) der Kredit in über die Gesamtlaufzeit verteilten Teilbeträge getilgt, wobei meist jährlich gleich bleibende Tilgungsraten gewählt werden. Die Gesamtbelastung ermittelt aus Zins und Tilgung, nimmt beim Ratenkredit von Jahr zu Jahr ab, da bei konstanten Tilgungsraten die Zinsen auf die Restschuld sich verringern. Demgegenüber ist in Fall (3) ein jährlich gleich bleibender Betrag, die sog. Annuität zu erbringen, die Zins- und Tilgungsanteil beinhaltet. Der Tilgungsanteil nimmt innerhalb des Gesamtbetrages der Annuität von Jahr zu Jahr zu, da sich die Verzinsung auf die jeweilige Restschuld bezieht und damit verringert.

Annuitätenermittlung:

$$Ann = K_0 \cdot \frac{(1+i)^n \cdot i}{(1+i)^n - 1}$$

Beispiel:
Kredit über 100.000€, Laufzeit 5 Jahre, Zinssatz 8%, Tilgung und Verzinsung in 5 gleichen Jahresannuitäten.

$$Annuität = 100.000 \cdot 0,2504565 = 25045,65$$

Jahr t	Zinsen von der Restschuld am Jahresanfang	Annuität	Tilgung = Annuität - Zinsen	Restschuld
0	-	-	-	100.000
1	8000,00	25045,65	17045,65	82954,35
2	6636,35	25045,65	18409,30	64545,05
3	5163,60	25045,65	19882,05	44663,00
4	3573,04	25045,65	21472,61	23190,39
5	1855,23	25045,65	23190,42	0
Σ	25228,22	125228,25	100000,03	-

Um die mit der Kreditaufnahme verbundene Belastung zu ermitteln, ist zum einen der Effektivzins des Kredits zu bestimmen und zum anderen Teil ein Tilgungsplan zu erstellen. Abweichungen zwischen Effektivzins und Nominalzins entstehen, wenn der Kredit mit einem Abschlag, dem sog. Damnum oder Disagio, ausgezahlt wird.

$$A_0 - \sum_{i=1}^{n} \frac{R_t}{(1+i_{eff})^t} = 0 \qquad A_0 = \left(1 - \frac{d}{100}\right) K_0$$

d = Disagio in %
K_0 = nomineller Kreditbetrag
R_t = Zins- und Tilgungszahlung am jeweiligen Periodenende
n = Gesamtlaufzeit des Kredits
i_{eff} = (gesuchter) Effektivzins

Beispiel:
Kredit über nominal 1000€ mit Auszahlung 94% und Nominalzinssatz 10%, Laufzeit 4 Jahre, Tilgung in 4 gleichen Jahresraten jeweils am Ende der Periode (Ratentilgung).

Jahr	Restschuld	Tilgung	Zinsen	Gesamtbetrag
1	1000	250	100	350
2	750	250	75	325
3	500	250	50	300
4	250	250	25	275

Ermittlung der Effektivzinskosten des Kredits:

$$940 - \frac{350}{\left(1+i_{eff}\right)} = \frac{325}{\left(1+i_{eff}\right)^2} - \frac{300}{\left(1+i_{eff}\right)^3} - \frac{275}{\left(1+i_{eff}\right)^4} = 0$$

Da es sich um eine Gleichung n-ten Grades handelt, ist die Lösung durch Einsetzen von Probezinsfüßen und anschließender Interpolation zu ermitteln.

Teilweise werden zur Ermittlung der effektiven Zinsbelastung Näherungsformeln verwendet.

$$i_{eff} = \frac{i_{nom} + \frac{d}{T}}{A} = \frac{10 + \frac{6}{2,5}}{94} = 0,1319 = 13,19\% \qquad T = \frac{t_1 + t_k}{2}$$

T = mittlere Kreditlaufzeit
t_1 = gesamte Kreditlaufzeit
t_k = Laufzeit bis zur ersten Tilgungsrate
i_{nom} = Nominalzins
d = Disagio in %
A = Auszahlungsprozentsatz

Problem: Mittel, die für langfristige Darlehen zur Verfügung stehen, reichen nicht aus.

Spezialfälle:

a) Gesellschafterdarlehen

Für den Gesellschafter einer Kapitalgesellschaft ist es aus steuerlicher Sicht ggf. vorteilhaft, seinem Unternehmen zusätzliche Mittel in Form von Fremdkapital anstelle von Eigenkapital zur Verfügung zu stellen, da es steuerlich genauso behandelt wird wie das Fremdkapital eines außenstehenden Gläubigers. Zinsen sind so zu 50% bei Gewerbeertragssteuer abzugsfähig. Der Gesetzgeber versucht dem entgegenzuwirken, dadurch dass in Fällen überzogener Fremdfinanzierung die steuerliche Anerkennung versagt wird.

b) Schuldscheindarlehen

Als Kreditgeber tritt beim Schuldscheindarlehen nicht die Börse auf, sondern Kapitalsammelstellen, insbesondere die privaten und öffentlich-rechtlichen Versicherungsunternehmen. Langfristige, bei Kapitalsammelstellen aufgenommene Großdarlehen werden als Schuldscheindarlehen bezeichnet.
Der Schuldschein stellt kein Wertpapier dar. Er ist lediglich ein Dokument, wodurch die Beweislast auf den Schuldner verlagert wird.

3.2.2.2.2 Anleihen

Das klassische Instrument der langfristigen Kreditfinanzierung stellt die Anleihe dar. Diese, mit der Ausgabe von Teilschuldverschreibungen verbundene Anleihe, wendet sich an den Kapitalmarkt, also nicht an spezielle Kreditgeber. Teilschuldverschreibungen stellen Wertpapiere dar und lauten auf einen bestimmten Nennbetrag. Sie werden überwiegend als Inhaberpapiere ausgegeben.

a) Industrieobligationen

Mit der Teilschuldverschreibung verpflichtet sich das emittierende Unternehmen insbesondere zur Zahlung der Zinsen und zur Rückzahlung des gewährten Kapitals.
Vorteile:
- Beschaffung großer Summen durch Sammlung kleinerer Einzelbeträge
- Beendigung des Anleger-Engagements durch Verkauf
- Durch ihre Börsenfähigkeit besitzen sie eine hohe Fungibilität, da sie jederzeit an der Börse verwertbar sind.

Der Nennbetrag, auf den die Teilschuldverschreibungen lauten, muss weder mit dem Ausgabekurs noch mit dem Rückzahlungskurs übereinstimmen. Der Ausgabekurs kann bei pari (100%) oder unter sowie über pari liegen, der Rückzahlungskurs kann gleich pari oder über pari sein. Am üblichsten ist ein Ausgabekurs unter 100% und die Rückzahlung zu 100%. Der Differenzbetrag wird bei einem Ausgabekurs unter pari als Disagio und bei einem Ausgabekurs über pari als Agio bezeichnet.

Die durchschnittlichen Laufzeiten von Industrieobligationen liegen zwischen 8 und 15 Jahren. Die Tilgung erfolgt ausnahmsweise als Gesamttilgung am Ende der Laufzeit, normalerweise in Jahresraten. Sie setzt in der Regel erst nach einigen tilgungsfreien Jahren ein. Möglich ist auch eine ratenweise Tilgung durch Auslosung bestimmter Serien.
Die Zinszahlungen erfolgen vierteljährig, halbjährig oder jährlich, wobei in Deutschland die halbjährliche Zinszahlung überwiegt.

Für das emittierende Unternehmen liegen durch das Disagio die Zinskosten über dem Nominalsatz. Letzterer ist in seiner Höhe vom im Emissionszeitpunkt herrschenden Kapitalmarktzins abhängig. Die Anpassung des Nominalzinssatzes erfolgt dabei meist in Abstufungen von 0,5% während die Feinanpassung an den Kapitalmarktzins durch den Ausgabekurs erfolgt.

Der effektive Zinssatz festverzinslicher Titel ist in der Regel nicht mit dem Nominalzinssatz identisch. Er muss unter Berücksichtigung von Ankaufskurs, Laufzeit der Anleihe und Rückzahlungskurs errechnet werden, wenn der Ankaufskurs vom Rückzahlungskurs abweicht.

In der Praxis wird häufig folgende Faustformel für den Effektivzins verwendet:

$$p_{eff} = \frac{p_{nom} + K_l + \dfrac{d + K_b}{T}}{100 - d - K_b}$$

Kl = jährliche Kosten in % des Nennwertes
Kb = Begebungskosten in % des Nennwertes
d = Nennwert – Ausgabekurs
T = mittlere Laufzeit

Emissionsrendite für Anleger: $\quad p_{eff} = \dfrac{p_{nom} + \dfrac{d}{T}}{100 - d}$

b) Zerobonds

> Langfristige Anleihen ohne Zinszahlungen, Verzinsung ergibt sich aus Ausgabe- und Rückzahlungskurs

> Emissionsrendite: $i_{em} = \sqrt[n]{\dfrac{A_n}{A_0}} - 1$ mit n = Laufzeit, A_0 = Ausgabekurs, An = Rückzahlungskurs

> Für Emittenten:
   o Vorteil: keine Zinszahlungen belasten Liquidität
   o Nachteil: hohe Liquiditätsbelastung am Ende

> Für Anleger:
   o Vorteil der Steuerstundung, dabei ggf. Steuerentlastung
   o Besitz vorteilhaft, wenn Marktzinsen fallen
   o Bei Verkauf: Versteuerung der rechnerischen anteiligen Zinserträge oder der tatsächlichen Rendite

c) Floating Rate Notes

> Anleihen mit regelmäßiger Anpassung des Zinses an den Marktzins
> Hohe Bedeutung für den Referenzzins haben dabei der LIBOR und EURIBOR
> Vorteil: fairer Preis für beide Beteiligten
> Eines der wichtigsten Finanzierungsinstrumente

3.2.2.2.3 Mischformen

a) Wandelanleihen

Wandelanleihen gewähren zusätzlich zu den Rechten normaler Industrieobligationen das Recht auf Umtausch der Anleihen in Aktien. Das Umtauschrecht kann meist erst nach einer bestimmten Sperrfrist ausgeübt werden. Die Ausgabe von Wandelobligationen bedarf eines Beschlusses der Hauptversammlung, da zur Wahrung des Umtauschrechts eine bedingte Kapitalerhöhung vorgenommen werden muss.

Für Wandelobligationen steht den Aktionären ein gesetzliches Bezugsrecht zu. Bei Ausgabe der Wandelanleihe sind neben den Konditionen für eine normale Schuldverschreibung (Zinssatz, Laufzeit, Zinstermine, Besicherung) zusätzlich festzulegen:
* Das Wandlungsverhältnis (d.h. wie viele Schuldverschreibungen bei Umtausch einer Aktie ergeben),
* Die Zuzahlung bei Wandlung,
* Die Umtauschfrist

Grund für die Ausgabe:
Zusätzlicher Kaufanreiz bei schlechten Unterbringungsmöglichkeiten für normale Anleihen, niedrigerer Zins, möglicher Gewinn von EK.

Weitere Vorschriften:

- Keine Unter-Pari-Ausgabe (Disagio)
- Bei Kapitalerhöhung während der Laufzeit ist Erhöhung des bedingten Kapitals im gleichen Verhältnis vorgeschrieben

b) Optionsanleihen

Optionsanleihen gewähren, über die regulären Gläubigerrechte wie Zinszahlung und Rückzahlung hinaus, dem Inhaber das Recht, Aktien oder Anleihen zu vorab festgelegten Bedingungen während einer bestimmten Frist zu beziehen.

c) Mezzanine – Kapital

- Finanzierungsform, deren Eigenschaften z.T. Eigen- und z.T. Fremdkapitalcharakter haben
- Genussscheine:
  - Gewinnbeteiligung
  - Kein Stimmrecht
  - Rückzahlungsanspruch, aber mit Nachrang gegenüber anderen Gläubigern
- Nachrangdarlehen
- Stille Beteiligung

3.2.2.3 Verschuldungspolitik

Die Wahl des „richtigen" Verschuldungsgrades $V = \dfrac{FK}{EK}$ ist eine zentrale Aufgabe nicht nur der betrieblichen Finanzwirtschaft, sondern der strategischen Unternehmensführung.

3.2.2.3.1 Bonitätsbeurteilung

- Bei Krediten erfolgt die Leistung des Kreditgebers sofort, während Zinsen und Tilgungszahlungen erst später anfallen
  - Risiko für Kreditgeber umso größer, je länger die Laufzeit
  - Notwendigkeit der Risikoreduktion
    - Kreditsicherheiten
    - Kreditwürdigkeitsprüfung

- Kreditbesicherung
  - Personalsicherheiten: Ansprüche gegen Personen, z.B. Bürgschaft
  - Realsicherheiten: Rechte an Vermögenswerten
    - Verpfändung: Übergabe von beweglichen Sachen
    - Sicherheitsübereignung: wie Verpfändung aber ohne Übergabe
    - Sicherungsabtretung: Übertragung von Rechten und Forderungen
    - Grundpfandrechte: Recht an einem Grundstück, eingetragen in Grundbuch
      - Hypothek: vom Bestand bestimmter Forderung abhängig
      - Grundschuld: vom Bestand bestimmter Forderung unabhängig
    - Eigentumsvorbehalt bis zur vollständigen Bezahlung einer Ware

- Kreditwürdigkeitsprüfung besteht aus

- o Prüfung der Kreditwürdigkeit im engeren Sinne
- o Prüfung der Kreditfähigkeit
  - ▪ Sachlich/wirtschaftlich
  - ▪ Kreditsicherheiten
  - ▪ Kapitalbedarf und –verwendung
- Prüfung der Kreditwürdigkeit bezieht sich auf folgende Bereiche:
  - o Management
    - ▪ Ausbildung, Erfahrung, Ruf, Erfolgsnachweise
    - ▪ Informationsquellen: persönlicher Kontakt, Lebenslauf, Zeugnisse
  - o Produkte/ Dienstleistungen
    - ▪ Wettbewerbsvorteile, Markstellung, Kundenstruktur
    - ▪ Informationsquellen: Produktmuster, Prospekte, technische Studien
  - o Finanzielle Verhältnisse
    - ▪ Liquidität, Eigenfinanzierungskraft, Verschuldung
    - ▪ Informationsquellen: Jahresabschlüsse, Erfolgsrechnung

- Vom Ergebnis der Prüfung kann abhängen
  - o Die Entscheidung, ob überhaupt eine Kapitalüberlassung stattfindet
  - o Die Entscheidung, wie viel Kapital überlassen wird
  - o Die Entscheidung, zu welchem Preis das Kapital überlassen wird: Je höher das damit verbundene Risiko ist, umso höher muss die zu erwartende Rendite sein

- Rating
  - o Standardisierte Bewertung des Risikos durch „Note"
  - o In USA schon lange üblich, in Deutschland stark im Kommen
  - o Fremdkapital (Debt Rating), Anleihen (Bond Rating), Eigenkapital (Equity Rating), Aktien (Stock Rating)
  - o Klassischerweise für börsennotierte Titel
  - o Ursprünglicher Ansatz: Beurteilung durch neutrale Instanzen
  - o Banken haben durchgesetzt, dass sie auch selbst durchgeführte Ratings verwenden dürfen

3.2.2.3.2 Leverage Effekt

Den Ausgangspunkt der Überlegungen zur Optimierung der Kapitalstruktur markiert der funktionale Zusammenhang zwischen Eigenkapitalrendite und Verschuldungsgrad. Diese Abhängigkeit der Rentabilität des Eigenkapitals vom Anteil der Fremdfinanzierung wird als Leverage Effekt bezeichnet. Er setzt neben der Unterscheidung des investierten Gesamtkapitals in Fremd- und Eigenkapital eine Aufteilungsregel voraus: Es werden die Fremdkapitalgeber aus den Periodenüberschüssen in vorher vertraglich festgelegter Höhe bedient (Fremdkapitalzinsen); das Eigenkapital verzinst sich entsprechend durch Periodenüberschüsse – Fremdkapital. Hieraus folgt, dass die Eigenkapitalrendite mit steigender Verschuldung zunimmt, solange die Investitionsrendite r (= Gesamtkapitalrendite) größer ist als der Fremdkapitalzinssatz i. Dieser positive Effekt wird als Leverage-Chance bezeichnet.

$$r_{EK} = r_{GK} \left(\frac{EK}{EK} + \frac{FK}{EK} \right) - i \cdot \frac{FK}{EK}$$

$$r_{EK} = r_{GK} + V\left(r_{GK} - 1\right)$$

Die letzte Gleichung zeigt eine lineare Abhängigkeit der Eigenkapitalrendite vom Verschuldungsgrad V. Vorausgesetzt, der Fremdkapitalzins i liegt unter der Gesamtkapitalrentabilität r.

Dies heißt allerdings nicht, man solle sich so stark wie möglich verschulden, denn es gelten folgende relativierende Argumente:

- V kann nicht beliebig gesteigert werden, denn
  - o Entweder bedeutet diese eine Aufblähung von GK und irgendwann ist die Gesamtkapitalrentabilität nicht mehr erzielbar
  - o Oder es wird EK durch FK substituiert, wobei allerdings eine steigende Rendite auf immer weniger werdendes EK unattraktiv ist
- Da der Gesamtgewinn $r_{GK} \cdot GK$ risikobehaftet ist, steigt das Risiko für die Fremdkapitalgeber, da die Zinsen $i \cdot FK$ daraus nicht mehr gedeckt werden können, je größer der Anteil von FK am GK ist. Dies zieht eine steigende Zinsforderung nach sich, so dass irgendwann die EK-Rendite wieder fällt.
- Gesamt- und damit auch Eigenkapitalrentabilität sind Zufallsvariablen

Für das erwartete Risiko, gemessen durch die Standardabweichung, gilt

$$\sqrt{Var\left[R_{EK}(V)\right]} = \sqrt{Var\left[R_{GK}\right]} + V \cdot \sqrt{Var\left[R_{GK}\right]}$$

steigt also ebenfalls mit V (Leverage-Gefahr). Es besteht aus dem leistungswirtschaftlichem- und dem Kapitalstrukturrisiko.

Insgesamt liegt somit folgende Schlussfolgerung nahe:
Es gibt einen Verschuldungsgrad, der aus Sicht der Eigenkapitalgeber optimal ist.

3.2.2.4 Kreditsubstitute

Kreditsubsitute sind Instrumente, welche die Liquidität des Unternehmens schonen, ohne dass EK oder FK zugeführt wird.

3.2.2.4.1 Weitergabe von Forderungen

a) Factoring

Unter Factoring versteht man den vertraglich festgelegten laufenden Ankauf von Forderungen aus Lieferungen und Leistungen durch einen Factor (spezielles Kreditinstitut). Der Veräußerer der Forderung kann dem Factor die gesamte Debitorenbuchhaltung, das Inkasso- und Mahnwesen übertragen. Zu dieser Finanzierungs- und Dienstleistungsfunktion tritt bei Übernahme des Ausfallrisikos durch den Factor noch die Kreditsicherungsfunktion hinzu.

Das Factoring hat somit folgende Funktionen:
- Finanzierungsfunktion (Ankauf und Kreditierung der Forderung);
- Dienstleistungsfunktion (Verwaltung des Forderungsbestandes);
- Kreditversicherungsfunktion (Delkrederefunktion), soweit der Factor das Bonitätsrisiko übernimmt

b) Forfaitierung

Dem Exportfactoring sehr ähnlich ist die Forfaitierung von Exportforderungen. Auch bei der Forfaitierung kauft der Forfaiteur Forderungen eines Exporteurs ohne Rückgriffsmöglichkeit auf. Der Forfaiteur übernimmt somit ebenso wie der Exportfactor das Ausfallrisiko. Ein wesentlicher Unterschied liegt jedoch darin, dass der Forfaiteur keine Dienstleistungsfunktion, wie sie beim Factoring üblich sind, übernimmt. Ferner werden bei der Forfaitierung nur spezielle Forderungen, insbesondere mittel- und langfristige Exportforderungen veräußert.

c) Asset Backed Securities (ABS)

Bei diesem neuen, in Deutschland noch nicht verbreiteten Finanzierungsinstrument werden umfangreiche Finanzaktiva, insbesondere Forderungen aus Lieferungen und Leistungen, in Form eines Treuhandvermögens gepoolt. Die Ansprüche aus diesem Pool werden wertpapiermäßig verbrieft und als handelbare Wertpapiere hauptsächlich an institutionelle Anleger veräußert.

3.2.2.4.2 Leasing

a) Konzeption

Unter Leasing versteht man die Anmietung von Anlagengegenständen durch Finanzierungsinstitute und andere Unternehmen, die das Vermietungsgeschäft gewerbsmäßig betreiben.

Im Gegensatz zum normalen Mietverhältnis ist für das Leasing meistens charakteristisch, dass zwischen dem Hersteller eines Gebrauchsgutes und dessen Verwender eine Leasing-Gesellschaft als Käufer und Vermieter eingeschaltet wird (indirektes Leasing).
Beim direkten Leasing sind Hersteller und Verwender identisch.

Nach dem Verpflichtungscharakter des Leasingvertrages lassen sich zwei grundsätzliche Formen des Leasings unterscheiden:
- Operating Leasing
- Financial Leasing

b) Operating Leasing

Operating-Leasing-Verträge sind von beiden Vertragspartnern jederzeit bei Einhaltung gewisser Fristen kündbare Mietverträge. Es sind keine fest vereinbarten Grundmietzeiten vorgesehen und bei Kündigung sind auch keine Konventionalstrafen zu erbringen. Bei den Operating-Leasing-Verträgen handelt es sich daher um normale Mietverträge. Die Leasing-Gesellschaft übernimmt beim Operating Leasing im Wesentlichen das Investitionsrisiko.

c) Financial Leasing

Für das Financial Leasing ist die Vereinbarung einer festen Grundmietzeit, während der der Vertrag von beiden Seiten nicht gekündigt werden kann, charakteristisch. Die vereinbarte Grundmietzeit ist dabei in der Regel kürzer als die betriebsgewöhnliche Nutzungsdauer des

Leasing-Gegenstandes. Die während der Grundmietzeit zu zahlenden Mietbeträge sind so berechnet, dass der Leasing-Geber die Gesamtkosten ersetzt bekommt und ihm ein Gewinn zufließt. Das Investitionsrisiko hat beim Financial Leasing der Leasing-Nehmer zu tragen.

d) Vetragsgestaltung des Financial Leasing bei Vollamortisation

Es lassen sich folgende Vertragstypen unterscheiden:
- Leasing-Verträge ohne Optionsrecht
- Leasing-Verträge mit Kaufoption
- Leasing-Verträge mit Mietverlängerungsoption

Bei den Leasing-Verträgen ohne Optionsrecht werden keine Vereinbarungen für den Zeitraum nach Ablauf der Grundmietzeit getroffen.

Bei den Leasing-Verträgen mit Mietverlängerungsoption hat der Leasing-Nehmer das Recht, nach Ablauf der Grundmietzeit das Vertragsverhältnis zu verlängern. Die Miete im Verlängerungszeitraum ist wesentlich geringer als die Grundmiete.

Bei den Leasing-Verträgen mit Kaufoption steht dem Leasing-Nehmer, das Recht zu, nach Ablauf der Grundmietzeit den Leasing-Gegenstand zu erwerben. Der Kaufpreis beträgt dabei nur einen Bruchteil der Anschaffungskosten.

e) Bedeutung der steuerlichen Zurechnung

Bei Leasing-Verträgen ist der Leasing-Gegenstand regelmäßig zuzurechnen;

(a) dem Leasing-Geber,
wenn die Grundmietzeit mindestens 40% und höchstens 90% der betriebsgewöhnlichen Nutzungsdauer des Leasing-Gegenstandes beträgt;

(b) dem Leasing-Nehmer,
wenn die Grundmietzeit weniger als 40% oder mehr als 90% der betriebsgewöhnlichen Nutzungsdauer des Leasing-Gegenstandes beträgt.

Wird der Leasing-Gegenstand den Leasing-Geber zugerechnet, so hat ihn dieser mit seinen Anschaffungs- oder Herstellungskosten zu aktivieren. Er hat auch die Abschreibung über die betriebsgewöhnliche Nutzungsdauer vorzunehmen.
Erfolgt die Zurechnung beim Leasing-Nehmer, so hat ihn dieser mit seinen Anschaffungs- oder Herstellungskosten zu aktivieren.
Die Leasing-Raten stellen für den Leasing-Geber Betriebseinnahmen und für den Leasing-Nehmer Betriebsausgaben dar.

Die Leasing-Raten sind in Zins- und Kostenanteil und in einen Tilgungsanteil andererseits aufzuteilen.

f) Vorteilhaftigkeitsbeurteilung

Vorteile für den Leasing-Nehmer:
- Steuervorteil: kann nicht zum Tragen kommen, oft jedoch nicht ausreichend
- Vergrößerung Kreditspielraum:

- o Leasing-Gesellschaften beleihen Leasing-Sache durch den Leasing-Vertrag höher
- o Aber kaum Auswirkung, da bestehende Verträge bei der Kreditwürdigkeitsprüfung berücksichtigt werden
- Erhaltung Liquidität
- Schonung EK
- Sichere Kalkulationsbasis
- Flexibilität: nicht während der Grundmietzeit und nicht bei Andienungsrecht

Vorteile für den Leasing-Geber:
- Kein Bankgeschäft und dadurch keine Bankenaufsicht
- Starke Stellung bei Konkurs, da Leasing-Sache nicht zur Konkursmasse gehört

3.2.3 Unternehmensbezogene Wirtschaftsförderung

- Ziel: Hilfe zur Selbsthilfe
- Wichtiger Förderschwerpunkt: Investitionsförderung, d.h. Unterstützung bei
  - o Modernisierung und Ausbau
  - o Neuaufbau
  - von Produktionskapazitäten
- Weitere Förderinstrumente
  - o Absatzförderung (Export)
  - o Forschungsförderung
  - o Mittelstandsförderung
  - o Steuerliche Förderung
- Fördermittel gibt es aus verschiedenen Programmen von EU, Bund, Ländern
- Prinzipielle Unterscheidung nach Art des Kapitals:
  - o Zuschuss (EK auf Dauer)
  - o EK-Hilfe (Kapital haftet, ist aber zurückzuhalten)
  - o Darlehen (FK)
- Vergabe ist an Bedingungen geknüpft, z.B.:
  - o Vorhaben
  - o Betriebsgröße
  - o Region
- Umfang der vergebenen Mittel:
  - o Obergrenzen für Betrag
  - o Obergrenzen für prozentualen Anteil an Kosten, die förderfähig sind
- Bei Vergabe von Fördermitteln müssen eigene Mittel und weiteres FK vorhanden sein

3.3 Innenfinanzierung

Bei der Innenfinanzierung erfolgt im Gegensatz zur Außenfinanzierung keine Zuführung finanzieller Mittel von außen. Statt dessen wird bisher gebundenes Kapital in frei verfügbare Zahlungsmittel umgewandelt.

Innenfinanzierung ist nur möglich, wenn folgende zwei Bedingungen erfüllt sind:
- Der Unternehmung fließen in einer Periode liquide Mittel aus dem normalen betrieblichen Umsatzprozess oder aus außergewöhnlichen Umsätzen zu.
- Dem Zufluss an liquiden Mitteln steht in der gleichen Periode kein auszahlungswirksamer Aufwand in gleicher Höhe gegenüber

3.3.1 Selbstfinanzierung

Unter Selbstfinanzierung versteht man die Finanzierung aus Gewinnen, die im Unternehmen zurückbehalten werden.

Vorteile:
- Keine Zinsen, keine Dividenden, d.h. keine Liquiditätsbelastung
- Keine Offenlegung von Unternehmensinterna gegenüber potentiellen Kapitalgebern erforderlich
- Keine Änderung der „Machtverhätnisse"
- Mittel sofort verfügbar
- Keine Zweckbindung der Mittel
- Keine Sicherheitsleistungen notwendig

Für Anteilseigner bedeutet Selbstfinanzierung Schmälerung der Gewinnausschüttung.

Der Finanzierungseffekt tritt während der Bilanzperiode ein; die Selbstfinanzierungsentscheidung legt „nur" fest, ob bzw. in welchem Umfang er beendet wird. Der tatsächliche Finanzierungseffekt basiert auf dem ökonomischen Gewinn.

Nach der Art des Ausweises des zurückbehaltenen Gewinns in der Bilanz kann man unterscheiden in:
- Offene Selbstfinanzierung
- Stille Selbstfinanzierung

Während eine offene Selbstfinanzierung sich auf das abstrakte Kapital auswirkt und aus der Bilanz ersichtlich ist, führt die stille Selbstfinanzierung zu einer Erhöhung des Realkapitals, die sich auf die bilanzielle Höhe des Eigenkapitals nicht auswirkt und damit auch nicht aus der Bilanz ersichtlich ist.

3.3.1.1 Offene Selbstfinanzierung

Offene Selbstfinanzierung erfolgt aus dem in der Bilanz und GuV ausgewiesenen Gewinn bzw. Jahresabschluss. Der einbehaltene Gewinn unterliegt dabei der Einkommensteuer bzw. Körperschaftsteuer sowie der Gewerbeertragsteuer. Da die offene Selbstfinanzierung aus versteuertem Gewinn durchgeführt wird, steht für die Finanzierung nur der Betrag nach Steuern zur Verfügung.

Die Einbehaltung ausgewiesener Gewinne erfolgt bei Personengesellschaften sowie Einzelunternehmungen durch Gutschrift auf dem Kapitalkonto und Verzicht auf Entnahmen. Bei Kapitalgesellschaften mit festem Nominalkapital wird der zurückbehaltene Gewinn den offenen Rücklagen zugeführt.

- Zusätzlicher Vorteil: Verbesserung der EK-Basis
- Nachteil: teure Finanzierungsart

3.3.1.2 Stille Selbstfinanzierung

Die stille Selbstfinanzierung erfolgt durch Einbehaltung nicht ausgewiesenen Gewinns. Der Gewinnausweis wird durch bewusste bilanzpolitische Maßnahmen verringert, wodurch stille Reserven entstehen. Da die stillen Reserven erst bei ihrer Auflösung der Ertrags- bzw. Körperschaftssteuer unterliegen, erfolgt die stille Selbstfinanzierung aus noch unversteuertem Gewinn.

Die Bildung stiller Reserven in der Bilanz kann erfolgen durch:
- Unterbewertung von Aktiva:
  - Unterlassung von Aktivierungen,
  - Niedriger Wertansatz von Vermögensteilen,
  - Unterlassung oder Unmöglichkeit der Zuschreibung bei Wertsteigerungen von Vermögensteilen

- Überbewertung der Passiva:
  Speziell durch hohe Bewertung von Rückstellungen

Die stille Selbstfinanzierung besitzt gegenüber der offenen Selbstfinanzierung den Vorteil einer Steuerstundung. Bei der offenen Selbstfinanzierung unterliegen die ausgewiesenen und einbehaltenen Gewinne der Einkommensteuer bzw. bei Kapitalgesellschaften der Körperschaftsteuer und der Körperertragssteuer. Demgegenüber erhöht die stille Selbstfinanzierung den Periodenaufwand, wodurch der zu versteuernde Gewinn verringert wird. Eine Versteuerung hat erst dann zu erfolgen, wenn die stillen Reserven durch Realisierung in Erscheinung treten. Diese Steuerstundung führt zu einem Liquiditäts- und Zinsgewinn.

3.3.2 Finanzierung durch Rückstellungen

Durch die Bildung von Rückstellungen können Gelder an das Unternehmen gebunden werden, die auch zu Finanzierungszwecken Verwendung finden können. Da die Rückstellungen der Begleichung späterer Verbindlichkeiten dienen, zählen sie in der Bilanz zum Fremdkapital. Die Finanzierung aus Rückstellungen ist daher als innerbetriebliche Fremdfinanzierung einzuordnen.

Für den Finanzierungseffekt ist die Fristigkeit der Rückstellungen entscheidend. Finanzielle Mittel stehen der Unternehmung nur für den Zeitraum zwischen Bildung und Auflösung bzw. Inanspruchnahme der Rückstellungen zur Verfügung. Fällt der Grund, für den die Verbindlichkeiten gebildet wurden, ganz oder teilweise fort, so sind die Rückstellungen erfolgswirksam aufzulösen. Da die Rückstellungen bei ihrer Bemessung einen Entscheidungsspielraum beinhalten, können sie durch zu hohen Ansatz auch zu einem Instrument der stillen Selbstfinanzierung werden.

Am bedeutendsten hinsichtlich des Finanzierungseffekts sind die Pensionsrückstellungen. Sie stehen dem Betrieb für einen langfristigen geplanten Zeitraum zur Verfügung und können einen Umfang erreichen, der bei manchen Kapitalgesellschaften die Höhe des Grundkapitals übersteigt.

Für die steuerliche Anerkennung der Pensionsrückstellungen ist eine Berechnung nach versicherungsmathematischen Grundsätzen Voraussetzung.

3.3.3 Finanzierung durch Vermögensumschichtung

a) Finanzierung aus freigesetzten Mitteln

- Verkauf von Vermögensgegenständen (Substitutionsfinanzierung)
- Falls dabei Auflösung stiller Reserven: Ertragssteuern reduzieren den Finanzierungseffekt
- Nur unproblematisch nicht bei betriebsnotwendigem Vermögen
- Sonderfall: Sale-Lease-Back-Verfahren

b) Finanzierung durch Rationalisierungsmaßnahmen

Reduktion des Aufwandes für den betrieblichen Leistungsprozess -> Liquiditätsentlastung

c) Finanzierung aus Abschreibungsgegenwerten

- Zwischenzeitliche Nutzung von Mitteln, die für Ersatzbeschaffung zurückgehalten werden
- Finanzierungseffekt nur, falls liquide Mittel in entsprechender Höhe erwirtschaftet wurden
- Gemeint ist nur der tatsächliche Werteverzehr der Vermögensgegenstände; überhöhte Abschreibungen führen zu stillen Rücklagen
- Spezialfall: Kapazitätserweiterungseffekt: Investitionen der aus Abschreibungswerten zurückfließenden Mittel können zur Erweiterung der Kapazität ohne zusätzlichen EK- oder FK- Einsatz führen.
  o Die Kapazitätserweiterung ist in Abhängigkeit von der Lebensdauer n nach oben durch den Faktor $\dfrac{2}{1+\dfrac{1}{n}}$ begrenzt.
  o Nicht berücksichtigt ist der durch höhere Maschinenanzahl induzierte sonstige Kapitalbedarf.
  o Absatzmöglichkeiten werden als ausreichend groß angenommen.
  o Setzt die Existenz von gleichartigen Maschinen zu konstanten Preisen voraus.

4. Finanzanalyse

- Beurteilung der finanziellen Lage eines Unternehmens
- Umfasst insbesondere die Analyse des Jahresabschlusses
- Wird zum Planungsinstrument, wenn sie auf Planzahlen, insbesondere Jahresabschlüsse, angewandt ist

4.1 Kennzahlenanalyse

- Kennzahlen verdichten die vielfältigen und unübersichtlichen Informationen unter jeweils speziellen Gesichtspunkten
- Kennzahlen sind nicht isoliert, sondern in ihrer „Gesamtheit" zu interpretieren

Kennzahlen

bestandsorientiert
- (a) Vermögensstruktur
- (b) Kapitalstruktur
- (c) horizontale Bilanzstruktur
  - → Finanzierungsregeln
  - → Liquiditätsregeln und -kennzahlen

stromgrößenorientiert
- (a) Erfolgskennzahlen
  - → absolute
  - → relative
- (b) Aktivitätskennzahlen

4.1.1 Bestandsorientierte Strukturkennzahlen

a) Vermögensstruktur

$$\text{Anlageintensität} = \frac{\text{Anlagevermögen}}{\text{Gesamtvermögen}} \cdot 100\%$$

Niedriges Anlagevermögen ist ein Kennzeichen für betriebliche Flexibilität. Unternehmungen mit kleinem Anlagevermögen können sich leichter Beschäftigungsschwankungen anpassen, da sie zum einen weniger Kapital langfristig gebunden haben und zum anderen auch geringere fixe Kosten aufweisen. Ersteres ermöglicht rasche Produktionsumstellungen, letzteres lässt einen Beschäftigungsrückgang nicht so stark auf den Erfolg durchschlagen.

b) Kapitalstruktur

Die Kapitalstrukturregeln, auch vertikale Finanzierungsregeln genannt, stellen auf Art und Zusammensetzung des Kapitals ab. Entscheidend ist dabei der Anteil von Eigen- und Fremdkapital, der den Verschuldungsgrad kennzeichnet und durch folgende Kennzahlen ausgedrückt werden kann:

$$\text{Verschuldungsgrad } V = \frac{\text{Fremdkapital FK}}{\text{Eigenkapital EK}}$$

$$\text{Eigenkapitalquote} = \frac{\text{Eigenkapital}}{\text{Gesamtkapital}}$$

$$\text{Fremdkapitalquote} = \frac{\text{Fremdkapital}}{\text{Gesamtkapital}}$$

c) Horizontale Bilanzstruktur

Durch horizontale Bilanzstrukturkennziffern lassen sich die Beziehungen zwischen Vermögen und Kapital bzw. Investition und Finanzierung aufzeigen. Bei den sogenannten Finanzierungsregeln handelt es sich um normative Kennziffern, die bestimmte langfristige Deckungsgrade vorschreiben. Bei den Liquiditätsregeln werden demgegenüber kurzfristige Deckungsgrade ermittelt, indem kurz- und mittelfristig liquidierbare Vermögensteile zu kurz- und mittelfristigen Schulden in Beziehung gesetzt werden.

aa) Finanzierungsregeln

Zu den langfristigen Finanzierungsregeln und Deckungsgraden zählen goldene Finanzierungsregel, goldene Bilanzregel und Anlagendeckung durch Eigenkapital.

Goldene Finanzierungsregel:
Diese Regel fordert die Einhaltung des Grundsatzes der Fristenkongruenz; das bedeutet, dass die Kapitalüberlassungsdauer und die Kapitalbindungsdauer übereinstimmen sollen. Kapital darf demnach nicht zeitlich länger in Vermögensteilen gebunden werden, als die jeweilige Kapitalüberlassungsdauer beträgt.
Um die goldene Finanzierungsregel in der Praxis anwenden zu können, bedient man sich daher einer groben Vereinfachung und beschränkt sich auf die zwei Fristigkeitskategorien langfristig und kurzfristig und fordert:

$$\frac{\text{langfristiges Vermögen}}{\text{langfristiges Kapital}} \leq 1$$

$$\frac{\text{kurzfristiges Vermögen}}{\text{kurzfristiges Kapital}} \leq 1$$

Die Einhaltung dieser Regeln soll sie Aufrechterhaltung der Liquidität der Unternehmung, im Sinne der jederzeitigen Erfüllbarkeit der Zahlungsverpflichtungen, garantieren. Für die Wahrung der Liquidität ist die wertmäßige und zeitliche Übereinstimmung der Einzahlungen und Auszahlungen in einer Periode ausschlaggebend.

Goldene Bilanzregel:
Eine weitere Operationalisierung der Fristenkongruenzregel stellt die goldene Bilanzregel dar. Dabei wird davon ausgegangen, dass die Zuordnung der Vermögensgegenstände zum Anlage- bzw. Umlaufvermögen identisch ist mit langfristiger bzw. kurzfristiger Kapitalbindung. Das Anlagevermögen soll dann durch Eigenkapital und langfristiges Fremdkapital gedeckt sein.

$$\frac{\text{Eigenkapital} + \text{langfristiges Fremdkapital}}{\text{Anlagevermögen}} \geq 1$$

Anlagendeckung durch Eigenkapital:
Die goldene Finanzierungsregel und die goldene Bilanzregel stellen auf die Aufrechterhaltung der Liquidität bei Unternehmensfortführung ab. Ihre Einhaltung soll das Risiko, dass ein Kapitalentzug vor dem entsprechenden Desinvestitionsprozeß erfolgt, beschränken. Demgegenüber ist die nachfolgende Regel aus Überlegungen zum Gläubigerschutz bei Liquidation der Unternehmung entstanden.

Deckungsgrad A: $D_A = \dfrac{EK}{AV}$ Deckungsgrad B: $D_B = \dfrac{EK + FK_l}{AV}$

Bei dieser Kennzahl wird angenommen, dass ein Gläubiger im Liquidationsfall um so eher mit der Erstattung seines Geldes rechnen kann, je höher die prozentuale Deckung des Anlagevermögens durch Eigenkapital ist.

bb) Liquidationsregeln und –kennzahlen

Die bestandsorientierte Liquitationsanalyse beruht auf einer Gegenüberstellung von Zahlungsverpflichtungen und flüssigen Mitteln, soweit diese aus der Bilanz ersichtlich sind. Traditionellerweise werden sogenannte Liquiditätsgrade ermittelt. Hierbei handelt es sich um Verhältniszahlen, die sich in der Einbeziehung von Vermögenspositionen unterschiedlicher Geldwertungsdauer unterscheiden.

$$\text{Liquidität 1. Grades} = \frac{\text{Zahlungsmittel}}{\text{kurzfristige Verbindlichkeiten}} \cdot 100\%$$

= Kassa- oder Barliquidität, Absolute Liquidity Ratio

$$\text{Liquidität 2. Grades} = \frac{\text{Zahlungsmittel} + \text{kurzfristige Forderungen}}{\text{kurzfristige Verbindlichkeiten}} \cdot 100\%$$

= Net Quick Ratio, Acid Test

$$\text{Liquidität 3. Grades} = \frac{\text{kurzfristiges Umlaufvermögen}}{\text{kurzfristige Verbindlichkeiten}} \cdot 100\%$$

= Current Ratio

Zahlungsmittel = Kasse + Bank- und Postscheckguthaben

Kurzfristiges UV = UV ./. Teile, die nicht innerhalb eines Jahres liquidiert werden
                 ./. Vorräte, die durch Kundenanzahlungen gedeckt sind

Je höher die ermittelten Prozentsätze der dargestellten Kennzahlen ausfallen, um so günstiger ist es um die Liquidität der untersuchten Unternehmung bestellt. Allerdings ist zu beachten, dass eine unnötige hohe Liquidität im Regelfall zu Lasten der Rentabilität geht.

„Daumenregel":
- $L_1 \geq 0,2$
- Acid Test: $L_2 \geq 1$
- Banker's Rule: $L_3 \geq 2$

Neben den traditionellen Verhältniszahlen werden auch vielfach absolute Kennzahlen zur Beurteilung der Liquidität im Rahmen der Finanzanalyse herangezogen. So insbesondere das in der anglo-amerikanischen Analysepraxis sehr beliebte Working Capital.

Unter Working Capital versteht man:
Umlaufvermögen (nur kurzfristiges) ./. kurzfristige Verbindlichkeiten = Working Capital

Es stellt somit den Überschuss des kurzfristig gebundenen Umlaufvermögens über das kurzfristige Fremdkapital dar und wird daher auch als Reinumlaufvermögen oder Betrag der Netto-Umlaufmittel bezeichnet. Die Kennzahl kann in zweifacher Hinsicht interpretiert werden:

- Ermittlung der eingetretenen Liquiditätsveränderung,
- Abschätzung des vorhandenen langfristigen Finanzierungspotentials und damit des zukünftigten Liquiditätsrisikos.

Ein negatives Working Capital bedeutet einen Verstoß gegen die Finanzierungsregeln, langfristige Vermögensteile werden kurzfristig finanziert. Im Zeitvergleich bedeuten eine Erhöhung des Working Capital eine Zunahme der langfristigen Finanzierung, eine Verminderung und ein konstantes Working Capital, dass Neuinvestitionen fristenkongruent finanziert wurden.

Graphische Veranschaulichung:

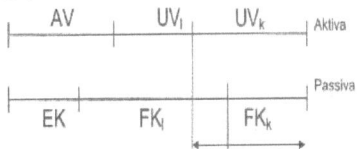

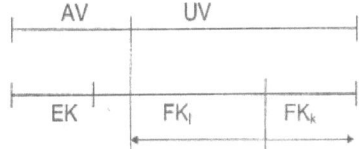

4.1.2 Stromgrößenorientierte Kennzahlen

Anstelle von Beständen sollen die innerhalb eines Zeitraums aufgetretenen Bewegungen (Flows) erfasst werden. Stromgrößenorientierte Verhältniszahlen enthalten meist neben Strom- auch Bestandsgrößen.

a) Erfolgskennzahlen

aa) Absolute Erfolgskennzahlen

Zu den absoluten Erfolgskennzahlen gehören Bilanzgewinn, Jahresüberschuss, geschätzter Steuerbilanzgewinn und Cash Flow.

bb) Relative Erfolgskennzahlen

Rentabilitätskennzahlen:
Je nachdem, was als eingesetztes Kapital herangezogen wird, unterscheidet man zwischen Eigenkapital- und Gesamtkapitalrentabilität.

Eigenkapitalrentabilität:

(bezogen auf Jahresüberschuss)
$$= \frac{\text{Jahresüberschuss}}{\text{Eigenkapital}} \cdot 100\%$$

(bezogen auf Steuerbilanzgewinn)
$$= \frac{\text{geschätzter Steuerbilanzgewinn}}{\text{Eigenkapital}} \cdot 100\%$$

(bezogen auf Cash Flow)
$$= \frac{\text{Cash Flow}}{\text{Eigenkapital}} \cdot 100\%$$

Gesamtkapitalrentabilität:

(bezogen auf Jahresüberschuss)
$$= \frac{\text{Jahresüberschuss} + \text{Fremdkapitalzinsen}}{\text{Gesamtkapital}} \cdot 100\%$$

(bezogen auf Steuerbilanzgewinn)
$$= \frac{\text{geschätzter Steuerbilanzgewinn} + \text{FK-Zinsen}}{\text{Gesamtkapital}} \cdot 100\%$$

(bezogen auf Cash Flow)
$$= \frac{\text{Cash Flow} + \text{Fremdkapitalzinsen}}{\text{Gesamtkapital}} \cdot 100\%$$

Bei der Gesamtkapitalrentabilität sind zum Erfolg jeweils noch die Fremdkapitalzinsen im Zähler zu erfassen, denn auch diese sind durch das investierte Kapital erwirtschaftet worden, um ein Vergleich zwischen Unternehmen mit unterschiedlichen Eigen-/Fremkapitalanteil wäre sonst nicht sinnvoll.

Return on Investment (RoI):
Die Rentabilität des Kapitaleinsatzes wird aus der anglo-amerikanischen Literatur kommend auch über den Return on Investment gemessen. Dieser erfasst den Gewinn/Jahresüberschuss/Cash Flow pro Einheit investierten Kapitals. So kann sich die Rentabilitätsmessung auf die ganze Unternehmung oder bestimmte Projekte beziehen.

Im Rahmen der Finanzanalyse ist es zweckmäßig, den RoI durch Einbeziehung des Umsatzes als dritten Renditeeinflusses aufzuspalten. Für den RoI, bezogen auf das gesamte investierte Kapital, ergibt sich:

$$\text{RoI} = \frac{\text{Jahresüberschuss}}{\text{Gesamtkapital}} \cdot 100\% \cdot \frac{\text{Umsatz}}{\text{Gesamtkapital}}$$
$$= \text{Umsatzgewinnrate} \cdot \text{Kapitalumschlagshäufigkeit}$$

b) Aktivitätskennzahlen

Aktivitätskennzahlen dienen der Charakterisierung und Kontrolle der Finanzpolitik einer Unternehmung. Zum einen sollen finanzwirtschaftliche Merkmale der Ausnutzung des vorhandenen Vermögenspotentials ermittelt, zum anderen der Umfang der Investitionstätigkeit dokumentiert werden.

$$\text{Kapitalumschlag} = \frac{U}{GK} \qquad \text{Umsatzrentabilität} = \frac{J\ddot{U}}{U}$$

$$\text{Investitionsquote} = \frac{\text{Zugänge - Abgänge im Sach AV}}{\text{Buchwert Sachanlagen (zu Periodenbeginn)}}$$

Die Investitionsquote ist Maßstab für den Umfang der Investitionstätigkeit einer Unternehmung.

4.2 Cash Flow

Einen weiteren interessanten Kennwert bildet der Cash-Flow. Er gibt an, welche selbsterwirtschafteten Mittel dem Unternehmer frei zur Verfügung stehen, z.b. zur Finanzierung von Investitionen, Schuldentilgung oder Dividendenauszahlung. Der Kennwert der Cash-Flow-Analsyse setzt sich zusammen aus dem Jahresüberschuss, den Abschreibungen auf Anlagen und Pensionsrückstellungen. Die Abschreibungen fließen über die Erlöse in das Unternehmen zurück und sind deshalb frei verwendbar. Pensionsrückstellungen stellen zwar juristisch gesehen Fremdkapital dar, tatsächlich aber stehen diese Gelder langfristig und zinslos zur Verfügung und können daher wirschaftlich genutzt werden.

Als Kennzahl wird der Cash Flow, insbesondere bei externer Analyse, meist auf indirektem Weg ermittelt. Am häufigsten wird folgendes Berechnungsschema verwendet (Netto Cash Flow):

Jahresüberschuss

+ Abschreibungen auf Anlagen

+ Pensionsrückstellungen

= Cash Flow

Probleme bei indirekter Ermittlung:

- CF wird aus Erfolgsrechnung abgeleitet – Schluss auf Finanzströme nur eingeschränkt möglich
- In Mischposten sind zahlungswirksame und –unwirksame Komponenten schwer zu trennen
- Vereinfachte Berechnungsschemata berücksichtigen Kreditkäufe/-verkäufe nicht

Der Cash Flow kann jedoch auch auf direktem Wege bestimmt werde:

Betriebseinnahmen (zahlungswirksame Erträge)

- Betriebsausgaben (zahlungswirksame Aufwendungen)

= Cash Flow

In dieser Form wird er seiner wörtlichen Bedeutung als Einzahlungsüberschuss gerechter. Die direkte Ermittlung wird vor allem bei intern erstellten liquiditätsbezogenen Kapitalflussrechnungen verwendet. Eine exakte Berechnung in direkter Form ist bei externer Analyse in der Regel nicht möglich.

Die Kennzahl Cash Flow in ihrer indirekten Ermittlungsform wird im wesentlichen in zwei unterschiedlichen Interpretationen angewendet:

- Als erfolgswirtschaftlicher Überschuss
  zur Bestimmung der gegenwärtigen und zukünftigen tatsächlichen Ertragskraft der Unternehmung und damit aufwands- und ertragsorientiert;
- Als finanzwirtschaftlicher Überschuss
  zur Bestimmung der Innenfinanzierungskraft für Investitionen, Schuldentilgung und Aufrechterhaltung der Liquidität und damit zahlungsstromorientiert.

Unterscheidung bezüglich Berücksichtigung von Steuern:
- JÜ und damit auch CF kann vor oder nach Steuern berechnet werden
- Wir verwenden den Netto-CF
- Brutto-CF = CF + Steuern

Wichtige Kennzahlen mit dem Cash Flow in finanzwirtschaftlicher Interpretation sind:

$$\frac{\text{Cash Flow}}{\text{Netto-Investitionen}} = \frac{\text{Cash Flow}}{\text{Zugänge - Abgänge}}$$

$$\frac{\text{Effektivverschuldung}}{\text{Cash Flow}} = \frac{\frac{\text{FK}}{\text{monetäres UV}}}{\text{Cash Flow}}$$

Die erste Kennzahl gibt wieder, inwieweit eine Unternehmung ihre Neuinvestitionen aus Mitteln der Innenfinanzierung bestreiten kann. Je höher der prozentuale Wert, umso weniger ist die Unternehmung auf Mittel von außen angewiesen und damit finanziell unabhängig.

Die zweite Kennzahl stellt ein Maß für die Verschuldungsfähigkeit eines Unternehmens dar. Aus ihr lässt sich erkennen, wie viel Jahre es dauern würde, bis die Unternehmung ihre Schulden aus selbst erwirtschafteten Mitteln getilgt hätte.

Einige Varianten des Cash Flow:

- Cash Flow
  + betriebsfremde Aufwendungen
  - betriebsfremde Erträge
  = betriebsbedingter Cash Flow

- Cash Flow
  + außerordentliche Aufwendungen
  - außerordentliche Erträge
  = ordentlicher Cash Flow

- Cash Flow
  - Gewinnaussüttung
  - Ersatzinvestitionen
  = Free Cash Flow

Probleme bei Interpretation: Betriebe mit unterschiedlichen Geschäftspolitiken lassen sich schwer vergleichen.

4.3 Kapitalflussrechnung

Die Kapitalflussrechnung stellt eine liquiditätsbezogene Zeitraumrechnung dar, die den Jahresabschluss ergänzt. Die Kapitalflussrechnung beinhaltet im Gegensatz zur GuV auch erfolgsunwirksame Bewegungen.
Die Erstellung der Kapitalflussrechnung kann sowohl unternehmensintern als auch extern erfolgen. Ferner kann die Rechnung originär, d.h. basierend auf Daten des internen Rechnungswesen, oder derivativ (Rekonstruktion aus veröffentlichen Daten) erfolgen.

1. Schritt: Erstellung der Bewegungsbilanz

a) Erstellung der Beständedifferenzenbilanz aus den Bilanzen zu zwei Stichtagen
b) Für die Bewegungsbilanz gilt:

Mittelverwendung	Mittelherkunft
Aktivzunahmen (A+)	Passivzunahmen (P+)
Passivabnahmen (P-)	Aktivabnahmen (A-)

2. Schritt: Berücksichtigung von Kontenbewegungen im Anlagevermögen

a) Berücksichtigung der Zugänge bei Sachanlagen und Finanzanlagen bei A+ dazufügen

b) Berücksichtigung der Abgänge
- Abschreibung bei Sachanlagen bei A
- Abgänge Sachanlagen und Finanzanlagen je mit
    - Buchwert zu Begin – Buchwert zum Ende + Zugänge +Zuschreibungen – AbA
    bei A- einstellen

3. Schritt: Aufspaltung des Bilanzgewinns

Veränderung Bilanzgewinn

= Jahresüberschuss ⎫
+ Verringerung Rücklagen ⎭ nach P+

- Vergrößerung Rücklagen ⎫
  – Ausschüttungen ⎭ nach P-

4. Schritt: Ersetzung des JÜ durch die Aufwendungen und Erträge aus der GuV

- Aufwendungen auf linke Seite (Mittelverwendung)
- Erträge auf rechte Seite (Mittelherkunft)

5. Schritt: Saldierung

- Auf beiden Seiten auftauchende Posten werden saldiert
- Zuordnung und Verrechnung „inhaltlich zueinander gehöriger Posten". Rechenregel: In gleicher Spalte Stehendes wird addiert, Werte aus jeweils anderer Spalte werden subtrahiert.

6. Schritt: Umgliederung zur Kapitalflussrechnung

Nun Schreibweise in Staffelform und Zusammenfassung zu „Teil-Cash-Flows"

Bereiche:
- Operative Geschäftstätigkeit
- Investition
- Kapital

Der Zahlungsmittelbestand wird als ausgegliederter Find behandelt.

5. Finanzplanung

5.1 Grundstruktur: Kapitalbedarfsrechnung

Kapitalbedarf zum Zeitpunkt t: $KB_t = \sum_{\tau=0}^{t} A_\tau - \sum_{\tau=0}^{t} E_\tau$

5.2 Kapitalbedarfsdeckung

Kapitalbedarfsplan allein ist noch kein Finanzplan: Es müssen Ausgleichsmaßnahmen ergriffen werden:
- Erhöhung der Einzahlungen: Finanzierungsmaßnahmen
- Verringerung der Ausgaben: Verschiebung/Streichung von Investitionen

Ergebnis: Finanzplan als Kapitalbedarfs- und Kapitalbedarfsdeckungsplan

Es reicht nicht aus, zur Bestimmung der besten Finanzierung die (Effektiv-) Zinsen zu vergleichen. Zusätzlich relevant sind:
- Die genaue zeitliche Struktur
- Der Habenzins, zu dem Guthaben zwischenzeitlich angelegt werden kann

Finanzierungsmixplanung

Gibt es eine Zeitdauer, so dass kurzfristiger Kapitalbedarf nach I, längerfristiger Kapitalbedarf nach II finanziert werden sollte?

$$s^* = T \cdot \frac{p_F - p_H}{p_K - P_H}$$

Kapitalbedarf mit einer Fristigkeit > s* wird langfristig, solcher mit Fristigkeit < s* kurzfristig finanziert.

Bei der Aufstellung des optimalen Finanzplanes müssen die Kapitaldienste berücksichtigt werden.

Berechnung:

Sei x1 der Kreditbetrag I (1. Jahr), x2 der Kreditbetrag II (beide Jahre) und $\dfrac{x_2}{0,9}$ der Nominalbetrag von Kredit II.

Folgende Bedingungen müssen erfüllt sein:
   a) Kapitalbedarf zu Beginn muss 0 sein: x1 + x2 – 4.500 = 0
   b) Kapitalbedarf nach einem Jahr muss 0 sein: Zufluss – Zins und Tilgung I – Zins II
Hieraus errechnet man:

Kredit I: x1 = 1.884,82   Kredit II: x2 = 2.615,18   Nennwert Kredit II: $\dfrac{x_2}{0,9} = 2.905,76$

t	0		1		2	
A$_t$	4500,00	(Invest.)	282,72	(Zins I)	232,46	(Zins II)
			1884,82	(Tilg. I)	2905,76	(Tilg. II)
			232,46	(Zins II)		
E$_t$	1884,82	(Kred. I)	2400,00	(Invest.)	4000,00	(Invest.)
	2615,18	(Kred. II)				
KB$_t$	0		0		– 861,78	

Der Endwert ist 861,78

45